JN069034

Q&A 私学のための働き方改革

弁護士
小國隆輔［編著］

弁護士　　　　　　　　 弁護士
国本聡子＋柿沼拓也［著］

中央経済社

はしがき

　本書は，学校法人及び私立学校の人事・労務を念頭に，近時の労働法制の改正を解説するものです。

　2019年4月1日に働き方改革法が施行されたことは記憶に新しいところですが，同法の施行後も，矢継ぎ早に労働法制の改正が行われています。改正に次ぐ改正で，労働法制は複雑怪奇な法体系となりつつあります。

　特に，学校法人では，私立学校に特有の労使慣行や，教育職員にだけ適用される法律の存在など，民間企業とは異なる労務管理が求められます。ところが，学校法人を念頭に置いた解説書は全くといっていいほど見当たらず，改正法への対応は，人事・労務の担当者の悩みの種となっていました。

　本書では，働き方改革法への対応を中心に，いわゆるパワハラ防止法や，高年齢者雇用安定法の改正等，働き方改革法施行後の法改正も解説しています。実務上妥当な対応策を示すという方針のもと，学術的な議論には極力立ち入らず，法令，裁判例，行政解釈に基づいて解説するようにしています。また，筆者の私見にわたる部分にはその旨を明示するか，『コラム』にまとめるようにしています。

　本書の執筆に際しては，学校現場の問題意識を反映させるべく，関西地方の学校法人で組織内弁護士として活躍されている国本聡子弁護士，柿沼拓也弁護士にも執筆に加わっていただきました。本書の内容が実務に即したものになっていたとすれば，両弁護士のお力添えによるものです。

　末尾になりましたが，本書の執筆に当たっては，中央経済社実務書編集部の和田豊様に大変お世話になりました。この場を借りて御礼申し上げます。

2020年9月

編著者　小國 隆輔

目　次

■凡　例■

　本書では，法令等について，次の略称を用いています。

育児休業，介護休業等育児又は家族介護を行う労働者の福祉に関する法律
　⇒　育児・介護休業法
学校教育法　⇒　学教法
高年齢者等の雇用の安定等に関する法律　⇒　高年齢者雇用安定法
雇用の分野における男女の均等な機会及び待遇の確保等に関する法律
　⇒　均等法
職業安定法　⇒　職安法
私立学校法　⇒　私学法
短時間労働者の雇用管理の改善等に関する法律　⇒　パート法
短時間労働者の雇用管理の改善等に関する法律施行規則　⇒　パート規則
短時間労働者及び有期雇用労働者の雇用管理の改善等に関する法律
　⇒　パート有期法
短時間労働者及び有期雇用労働者の雇用管理の改善等に関する法律施行規則
　⇒　パート有期規則
働き方改革を推進するための関係法律の整備に関する法律　⇒　働き方改革法
労働安全衛生法　⇒　安衛法
労働安全衛生規則　⇒　安衛規則
労働基準法　⇒　労基法
労働基準法施行規則　⇒　労基規則
労働組合法　⇒　労組法
労働契約法　⇒　労契法
労働時間等の設定の改善に関する特別措置法　⇒　労働時間設定改善法

労働施策の総合的な推進並びに労働者の雇用の安定及び職業生活の充実等に関する

　法律　⇒　労働施策総合推進法

労働者派遣事業の適正な運営の確保及び派遣労働者の保護等に関する法律

　　⇒　労働者派遣法

労働者派遣事業の適正な運営の確保及び派遣労働者の保護等に関する法律施行規則

　　⇒　労働者派遣法施行規則

改正労働基準法に関するＱ＆Ａ（平成31年４月厚生労働省労働基準局）

　⇒　厚生労働省Ｑ＆Ａ（平成31年４月）

第1章

私立学校の労務の全体像

> **Q1** 私立学校の労使関係には，どのような法令が適用されるのですか。

1 私立学校の労使関係には，民間企業と同様に，労働契約法，労働基準法など，一般に「労働法」「労働関係法令」と呼ばれる法令が適用されます。主なものを例示すると，次のとおりです。

- 労働契約法
- 労働基準法
- 労働基準法施行規則
- 労働組合法
- 育児休業，介護休業等育児又は家族介護を行う労働者の福祉に関する法律
- 短時間労働者及び有期雇用労働者の雇用管理の改善等に関する法律
- 労働安全衛生法
- 労働安全衛生規則
- 労働者災害補償保険法
- 高年齢者の雇用の安定等に関する法律

2 　私立学校と異なり，地方公共団体が設置する学校（公立学校）の労使
関係には，必ずしも労働関係法令が適用されるわけではありません。公
立学校に勤務する教職員は公務員であるため，原則として，地方公務員法と，
各地方公共団体が制定する条例が適用されることとなります。

　例えば，地方公務員法24条5項は，「職員の給与，勤務時間その他の勤務条
件は，条例で定める。」としています。同項に基づいて，各地方公共団体が給
与条例，勤務時間条例等を定めており，公立学校の教職員の給与，勤務時間等
は，これらの条例の定めによって決まります。このほか，地方公務員法58条は，
労働基準法，労働組合法，労働安全衛生法等の多くの条文を，適用除外として
います。労働基準法等の定めは，地方公務員法で適用除外とされていないもの
に限り，公立学校の教職員に適用されます。

　このほか，公立学校に勤務する教育職員については，教育公務員特例法，公
立の義務教育諸学校等の教育職員の給与等に関する特別措置法などの特別法と，
これらの法律に基づく条例が定められています。

　また，地方公共団体と公務員の間の法律関係（公務員関係）は，契約ではな
く，任用という行政処分によって生じるものです。このことから，労働契約法
21条1項は，同法が公務員に適用されないことを明示しています。

　当然ながら，私立学校の労使関係に，公務員に関する法令が適用されること
はありません。一部の私立学校で，公立学校の教職員に準じた取扱いをする事
例が見られますが，適切な労務管理とはいえないでしょう。

3 　なお，国が設置する学校（国立学校）の教職員には，国家公務員法等
が適用されていました。もっとも，国立大学法人法の制定と国立大学設
置法の廃止により，平成16年に国立大学が法人化された後は，国立学校の教職
員は公務員でなくなりました。現在では，私立学校と同様に労働関係法令が適
用されています。

　公立大学の労使関係についても，公立大学法人へ移行した後は，私立学校と
同様に労働関係法令が適用されます。地方独立行政法人法59条1項は，法人設

立の際に，当該大学の職員は，地方公共団体の職員から公立大学法人の職員へと身分が変わる旨を定めています。

Q2 私立学校の労使関係には，民間企業と異なる特徴があるのですか。

1 私立学校の教職員に適用することを想定した特別法の存在と，民間企業に見られない雇用管理や労使慣行があります。

2 特別法の中で特に重要なものとして，大学の教員等の任期に関する法律7条と，科学技術・イノベーション創出の活性化に関する法律15条の2[(1)]が挙げられます。

いずれの法律も，労働契約法18条1項が定める無期労働契約への転換について，例外を定めるものです。

3 労働契約法18条1項は，有期労働契約を更新し，その通算契約期間が5年を超えた者が申込みをした場合には，有期労働契約の期間満了後に無期労働契約が始まることを定めています。一般に，無期転換権と呼ばれるものです。

大学の教員等の任期に関する法律7条1項は，同法に基づいて国公私立の大学に採用された任期付教員については，無期転換に必要な通算契約期間を，「5年超」ではなく「10年超」としています。また，同条2項は，ティーチング・アシスタント，リサーチ・アシスタントなどの身分で在学中に学校法人等と有期労働契約を締結していた者が任期付教員になった場合，在学中の契約期間は「10年」に算入しないこととしています[(2)]。

科学技術・イノベーション創出の活性化に関する法律15条の2は，科学技術に関する研究者又は技術者，その補助者等が，大学設置法人等と有期労働契約

---

(1) 平成31年1月17日の改正法施行前は，研究開発システムの改革の推進等による研究開発能力の強化及び研究開発等の効率的推進等に関する法律15条の2。
(2) 平成25年12月13日付25文科科399号参照。

を締結している場合に，無期転換に必要な通算契約期間を，「5年超」ではなく「10年超」としています。また，在学中の有期労働契約期間を「10年」に算入しない点についても，大学の教員等の任期に関する法律7条2項と同様です。

4　私立学校に特有の雇用管理や労使慣行として，まず，事務職員と教育職員の二元的な人事体系が挙げられます。就業規則を事務職員と教育職員に分けて制定したり，給与体系が異なったりすることが典型例です。

次に，特に教員について，緩やかな勤怠管理を挙げることができます。多くの私立学校では，教員の出退勤時刻をタイムカード等の客観的方法で把握しておらず，教員の自己申告に委ねたり，出勤簿に押印するだけで済ませたりしています。また，小・中・高等学校では，公立学校に準じて教育調整額を支払うこととして，時間外・休日労働の割増賃金を実労働時間に応じて計算しない学校も多く見られます。

5　多様な非正規雇用の教職員の存在も，私立学校に特有のものといえます。

正社員として勤務する教職員は，専任教員，専任職員と呼ばれることが多いのですが，おそらく，専任教職員だけで運営している学校は存在しないでしょう。例えば，小・中・高等学校では，常勤講師，非常勤講師，嘱託職員，パート職員など，多様な職種が設けられています。大学では，特任教員，任期付教員，客員教員，特任研究員，嘱託職員，パート職員，科研職員，ティーチング・アシスタント，リサーチ・アシスタントなどの職種が見られます。それぞれの職種が担うべき業務や労働条件が整理されていないことも多く，パート有期法8条の不合理な労働条件相違の禁止規定への対応を困難にしています。

6　このほかにも，年功序列型賃金体系が強固に続いていること，人事評価が定着していないこと，経営状況や個人の業績が賞与に反映されないことなどを，私立学校の労使関係の特徴として指摘することができます。

○労契法

（有期労働契約の期間の定めのない労働契約への転換）

第18条　同一の使用者との間で締結された２以上の有期労働契約（契約期間の始期の到来前のものを除く。以下この条において同じ。）の契約期間を通算した期間（次項において「通算契約期間」という。）が５年を超える労働者が，当該使用者に対し，現に締結している有期労働契約の契約期間が満了する日までの間に，当該満了する日の翌日から労務が提供される期間の定めのない労働契約の締結の申込みをしたときは，使用者は当該申込みを承諾したものとみなす。この場合において，当該申込みに係る期間の定めのない労働契約の内容である労働条件は，現に締結している有期労働契約の内容である労働条件（契約期間を除く。）と同一の労働条件（当該労働条件（契約期間を除く。）について別段の定めがある部分を除く。）とする。

2　当該使用者との間で締結された１の有期労働契約の契約期間が満了した日と当該使用者との間で締結されたその次の有期労働契約の契約期間の初日との間にこれらの契約期間のいずれにも含まれない期間（これらの契約期間が連続すると認められるものとして厚生労働省令で定める基準に該当する場合の当該いずれにも含まれない期間を除く。以下この項において「空白期間」という。）があり，当該空白期間が６月（当該空白期間の直前に満了した１の有期労働契約の契約期間（当該１の有期労働契約を含む２以上の有期労働契約の契約期間の間に空白期間がないときは，当該２以上の有期労働契約の契約期間を通算した期間。以下この項において同じ。）が１年に満たない場合にあっては，当該１の有期労働契約の契約期間に２分の１を乗じて得た期間を基礎として厚生労働省令で定める期間）以上であるときは，当該空白期間前に満了した有期労働契約の契約期間は，通算契約期間に算入しない。

○大学の教員等の任期に関する法律

第４条　任命権者は，前条第１項の教員の任期に関する規則が定められている大学について，教育公務員特例法第10条第１項の規定に基づきその教員を任用する場合において，次の各号のいずれかに該当するときは，任期を定めることができる。

一　先端的，学際的又は総合的な教育研究であることその他の当該教育研究組織で行われる教育研究の分野又は方法の特性に鑑み，多様な人材の確保が特に求められる教育研究組織の職に就けるとき。

　　二　助教の職に就けるとき。

　　三　大学が定め又は参画する特定の計画に基づき期間を定めて教育研究を行う
　　　職に就けるとき。

2　任命権者は，前項の規定により任期を定めて教員を任用する場合には，当該
　任用される者の同意を得なければならない。

（国立大学，公立大学法人の設置する大学又は私立大学の教員の任期）

第5条　国立大学法人，公立大学法人又は学校法人は，当該国立大学法人，公立
　大学法人又は学校法人の設置する大学の教員について，前条第1項各号のいず
　れかに該当するときは，労働契約において任期を定めることができる。

2　国立大学法人，公立大学法人又は学校法人は，前項の規定により教員との労
　働契約において任期を定めようとするときは，あらかじめ，当該大学に係る教
　員の任期に関する規則を定めておかなければならない。

3　公立大学法人（地方独立行政法人法第71条第1項ただし書の規定の適用を受
　けるものに限る。）又は学校法人は，前項の教員の任期に関する規則を定め，又
　はこれを変更しようとするときは，当該大学の学長の意見を聴くものとする。

4　国立大学法人，公立大学法人又は学校法人は，第2項の教員の任期に関する
　規則を定め，又はこれを変更したときは，これを公表するものとする。

5　第1項の規定により定められた任期は，教員が当該任期中（当該任期が始ま
　る日から1年以内の期間を除く。）にその意思により退職することを妨げるもの
　であってはならない。

（労働契約法の特例）

第7条　第5条第1項（前条において準用する場合を含む。）の規定による任期の
　定めがある労働契約を締結した教員等の当該労働契約に係る労働契約法（平成
　19年法律第128号）第18条第1項の規定の適用については，同項中「5年」とあ
　るのは，「10年」とする。

2　前項の教員等のうち大学に在学している間に国立大学法人，公立大学法人若
　しくは学校法人又は大学共同利用機関法人等との間で期間の定めのある労働契
　約（当該労働契約の期間のうちに大学に在学している期間を含むものに限る。）
　を締結していた者の同項の労働契約に係る労働契約法第18条第1項の規定の適
　用については，当該大学に在学している期間は，同項に規定する通算契約期間
　に算入しない。

○科学技術・イノベーション創出の活性化に関する法律

（労働契約法の特例）

第15条の2　次の各号に掲げる者の当該各号の労働契約に係る労働契約法（平成19年法律第128号）第18条第1項の規定の適用については，同項中「5年」とあるのは，「10年」とする。

　一　科学技術に関する研究者又は技術者（科学技術に関する試験若しくは研究又は科学技術に関する開発の補助を行う人材を含む。第3号において同じ。）であって研究開発法人又は大学等を設置する者との間で期間の定めのある労働契約（以下この条において「有期労働契約」という。）を締結したもの

　二　科学技術に関する試験若しくは研究若しくは科学技術に関する開発又はそれらの成果の普及若しくは実用化に係る企画立案，資金の確保並びに知的財産権の取得及び活用その他の科学技術に関する試験若しくは研究若しくは科学技術に関する開発又はそれらの成果の普及若しくは実用化に係る運営及び管理に係る業務（専門的な知識及び能力を必要とするものに限る。）に従事する者であって研究開発法人又は大学等を設置する者との間で有期労働契約を締結したもの

　三　試験研究機関等，研究開発法人及び大学等以外の者が試験研究機関等，研究開発法人又は大学等との協定その他の契約によりこれらと共同して行う科学技術に関する試験若しくは研究若しくは科学技術に関する開発又はそれらの成果の普及若しくは実用化（次号及び第34条の6第1項第3号において「共同研究開発等」という。）の業務に専ら従事する科学技術に関する研究者又は技術者であって当該試験研究機関等，研究開発法人及び大学等以外の者との間で有期労働契約を締結したもの

　四　共同研究開発等に係る企画立案，資金の確保並びに知的財産権の取得及び活用その他の共同研究開発等に係る運営及び管理に係る業務（専門的な知識及び能力を必要とするものに限る。）に専ら従事する者であって当該共同研究開発等を行う試験研究機関等，研究開発法人及び大学等以外の者との間で有期労働契約を締結したもの

2　前項第1号及び第2号に掲げる者（大学の学生である者を除く。）のうち大学に在学している間に研究開発法人又は大学等を設置する者との間で有期労働契約（当該有期労働契約の期間のうちに大学に在学している期間を含むものに限る。）を締結していた者の同項第1号及び第2号の労働契約に係る労働契約法第18条第1項の規定の適用については，当該大学に在学している期間は，同項に規定する通算契約期間に算入しない。

$$\boxed{Q3}$$　私立学校では，どのような労使紛争が多いのですか。

1　民間企業と同様にさまざまな労使紛争が起きていますが，特に，ハラスメントに関するもの，労働時間に関するもの，労使協定に関するもの，非正規雇用の教職員の労働条件に関するものが多いようです。

2　現在施行されている法律では，セクシュアル・ハラスメント（セクハラ），パワー・ハラスメント（パワハラ），マタニティ・ハラスメント（マタハラ）について，事業主に雇用管理上必要な措置を求める規定や，不利益取扱いを禁止する規定などがあります（第7章参照）。

　私立学校でも，これらのハラスメントを巡るトラブル事案は珍しくありません。例えば，ハラスメントを受けた被害者から学校法人に対する慰謝料請求や，ハラスメントを理由とした懲戒処分の効力を争う訴訟などを挙げることができます。

　近時の傾向として，パワハラに関する事例が増加しているようです。

3　私立学校では，労働時間に関する紛争も起きています。

　訴訟等の法的手続きに発展する事例として，長時間労働によって精神疾患に罹患した教職員からの損害賠償請求や，未払いの残業代請求が挙げられます。

　また，働き方改革法に対応するためにタイムカード等を導入する際に，教職員の反発によって速やかに導入できない事例が散見されます。このほかにも，大学教員の研究時間の取扱い，中学校・高等学校での部活動の位置づけなど，法的な正解を見出しにくい事例があります。

4 労基法等の法令を遵守するためには，多数の労使協定を締結する必要があります。私立学校でよく見られる労使協定は，次のとおりです。

- 時間外・休日労働に関する労使協定（36協定）
- 専門業務型裁量労働制に関する労使協定
- 1年単位の変形労働時間制に関する労使協定
- 年次有給休暇の計画的付与に関する労使協定
- 時間単位年次有給休暇に関する労使協定
- 賃金控除に関する労使協定

労使協定は，事業場の教職員の過半数で組織される労働組合（過半数組合）がある場合にはその労働組合と締結する必要があります。過半数組合がない場合には，教職員の過半数を代表する者（過半数代表者）と労使協定を締結しなければならないのですが，過半数代表者が適法に選出されていない事例や，過半数代表者が労使協定の締結に応じてくれない事例が見られます。

5 非正規雇用の教職員については，平成25年4月1日施行の労契法18条1項に基づく無期労働契約への転換が，大きな話題となりました。今のところ，無期転換を巡る法的紛争は少ないようですが，無期転換権が発生する前の雇止めを巡るトラブルの増加が予想されます。

また，非正規雇用の教職員の待遇は，専任教職員の待遇より劣ることが多いため，その格差の違法性を争う訴訟が，複数提起されています。同種の訴訟は，今後増加することが予想されます。

6 上記の法的紛争のうち，労働時間に関するものや非正規雇用の教職員の労働条件に関するものについては，働き方改革法によって法改正が行われ，その大部分は既に施行されています。

また，令和元年にはハラスメントに関する法改正があり，令和2年以降，順次施行されています。

Q4　働き方改革法の全体像を教えてください。

1　正式名称は，「働き方改革を推進するための関係法律の整備に関する法律」といい，36本の法律を一括して改正するものです。

平成29年3月28日に働き方改革実現会議によって決定された「働き方改革実行計画」に沿って行われた法改正で，長時間労働の是正，柔軟な労働時間制度の導入，いわゆる同一労働・同一賃金などに関する内容が含まれます。

今後も，「働き方改革実行計画」に沿った法改正が予想されるため，私立学校でも，継続的な対応が必要となります。

2　働き方改革法によって実質改正となる法律は，労基法，じん肺法，雇用対策法，安衛法，労働者派遣法，労働時間設定改善法，パート法，労契法の8本です。このうち，私立学校に大きな影響があると思われるものは，次のとおりです。

- 労基法…時間外労働の上限規制，年次有給休暇の義務的付与等。
- 安衛法…労働時間の状況把握義務等。
- パート法及び労契法…均等待遇・均衡待遇，説明義務等。

なお，これらの法律の改正に合わせて，労基規則，安衛規則，パート規則等の省令も改正されました。

3　時間外労働の上限規制や労働時間の状況把握義務に関する改正が注目されているようですが，実際には，これまでの告示や通達とほぼ同じ内容を法律に"格上げ"するだけのものも含まれます。もっとも，従前の法規制を十分に守れていない学校法人や，緩やかな勤怠管理をしていた学校法人では，速やかな対応が迫られることとなります。

労働時間設定改善法の改正による勤務間インターバル制度も注目を浴びてい

ますが，今のところは努力義務にすぎず，具体的なインターバル時間も定められていないので，影響は限定的と思われます。

4 　いわゆる同一労働・同一賃金に関する諸規定（均等待遇・均衡待遇，説明義務等）は，私立学校にとって大きな脅威となる可能性があります。今後，訴訟，労働審判，団体交渉等の労使紛争の材料になることが懸念されます。

5 　「働き方改革実行計画」と働き方改革法には，働き方に関するさまざまな政策が盛り込まれていますが，必ずしも一貫した内容ではなく，賛同しがたい面もあります。

　例えば，長時間労働の是正を謳う一方で，非雇用型テレワークや副業・兼業の推進など，長時間労働を助長しかねない政策が含まれています。また，育児・介護と仕事の両立，高齢者の就業促進，女性・若者の活躍等は，もっと早くに解決しておくべきだった課題です。

　実務的には，法律が成立した後で，政令・省令で具体的な内容を定めたり，通達に法律と異なる内容を記載したりするなど，国会の立法機能を軽視した運用がされている点は，改正法への対応を困難にしており，憂慮すべきことです。

Q5　働き方改革法は，私立学校にも影響があるのですか。

1　働き方改革法による法改正は，複数の点で，私立学校の労務管理に影響があります。

2　まず，労働時間の上限規制は，これまでの私立学校の労働時間管理に影響を及ぼします。

改正労基法の下では，時間外労働の上限は，原則として，1か月あたり45時間以内，1年あたり360時間以内（3か月以上を単位とする変形労働時間制を採用している場合は，1か月あたり42時間以内，1年あたり320時間以内）とされました。さらに，通常予見することのできない大幅な業務量増加等に伴う場合であっても，時間外労働と休日労働の合計は，1か月100時間未満，過去2か月〜6か月間の平均がいずれも80時間以内に収まっている必要があります。

学校行事等に伴って長時間の時間外労働や休日労働が生じている学校では，人員の配置の見直しや業務の削減が求められます。また，時間外・休日労働に関する労使協定の記載事項にも変更があるため，ほとんどの学校で，労使協定の見直しが必要です。

詳細は，第2章で解説します。

3　次に，労働時間の把握義務に関する改正は，主に教育職員の勤怠管理に影響を及ぼします。

多くの私立大学では，授業時間や会議の時間を除き，教員の出退勤を管理しておらず，出勤・退勤の時刻も把握していません。また，大学以外の私立学校でも，教育職員の正確な出退勤時刻を把握していない学校がほとんどです。

以前から，労働者の出退勤時刻をタイムカード等で把握しなければならないと解されていたのですが，改正安衛法では，労働時間を把握する義務が正面か

ら定められました。これまでのような緩やかな勤怠管理を続けることは困難であり，タイムカード・ICカード・PC駆動時間等の客観的記録や管理職による現認など，どのような方法で労働時間を把握するのか，速やかに決める必要があります。

　詳細は，第3章で解説します。

4　　年次有給休暇（年休）の義務的付与に関する改正も，大きな影響があります。

　私立学校では，特に教育職員については，年休がほとんど取得されていないのが実情です。授業期間中に年休を取得することは事実上困難であるため，改正法施行後は，夏季休業期間や年末年始等にまとめて取得してもらう学校が多くなりそうです。新しい事務処理や労使協定の締結が必要となるため，実務的な対応が必要となります。このほか，非常勤講師の年休取得も，悩ましい問題です。

　詳細は，第5章で解説します。

5　　いわゆる同一労働・同一賃金の問題は，平成25年4月1日施行の労契法改正と，平成27年4月1日施行のパート法改正によって，大きな論点となりつつあります。平成30年6月1日には，労契法20条の解釈について，2件の最高裁判決が下されています。

　私立学校では，常勤講師，非常勤講師，任期付教員，嘱託職員，アルバイト，ティーチング・アシスタント，リサーチ・アシスタント，科研職員等，さまざまな非正規雇用の教職員が働いているため，同一労働・同一賃金に関する法改正の影響を受けやすい業種の1つといえます。働き方改革法の施行後は法的紛争の増加が予想されるところであり，私立学校にとっても対岸の火事とはいえません。

　詳細は，第6章で解説します。

6　　上記のほか，勤務間インターバルの努力義務化，産業医・産業保健機
　　　能の強化，労働者派遣を受ける際の情報提供義務等，働き方改革法には
さまざまな改正が含まれます。

　さらに，令和2年にはハラスメントに関する改正法が施行され，高年齢者雇
用安定法が改正されるなど，私立学校に影響を及ぼす可能性のある法改正が相
次いでいます。私立学校の人事・労務の実務では，当分の間，法改正への対応
が続きそうです。

　ハラスメントに関する法改正の詳細は，第7章で解説します。

Q6 働き方改革法の施行日は，いつですか。

1 原則として，平成31年4月1日から施行されています[3]。ただし，令和2年4月1日以降に施行される部分があり，中小企業に対する猶予措置も設けられています。

2 働き方改革法の原則の施行日は，平成31年4月1日です。同日に施行された内容で主なものは，次のとおりです。

- 時間外労働の上限規制，36協定の記載事項の変更（労基法36条）
- 年次有給休暇の義務的付与（労基法39条）
- 高度プロフェッショナル制度の導入（労基法41条の2）
- フレックスタイム制度の柔軟化（労基法32条の2）
- 産業医・産業保健機能の強化（安衛法13条〜13条の3）
- 労働時間の状況の把握義務（安衛法66条の8の3）
- 労働者の心身の状態に関する情報の取扱い（安衛法104条）
- 勤務間インターバル制度の普及促進（労働時間等設定改善法2条）

このうち，改正労基法36条は，平成31年4月1日以降に対象期間が始まる36協定から適用されます。平成31年3月31日以前から始まっている36協定については，当該協定に定める期間の初日から起算して1年を経過した日から改正法が適用されています[4]。

また，改正労基法39条は，年休付与の基準日が平成31年4月1日以外の場合は，同日以後最初に到来する基準日から適用されています[5]。

---

[3] 働き方改革法附則1条本文。
[4] 働き方改革法附則2条。
[5] 働き方改革法4条。

3　働き方改革法のうち，不合理な待遇格差や差別的取扱いを解消するための諸規定（パート有期法8条～9条等），非正規教職員に対する労働条件相違の説明義務（パート有期法14条）などに関する規定の施行日は，令和2年4月1日です。

4　中小企業については，上記**2**の改正は令和2年4月1日から適用され，それまでは旧法が適用されています。もっとも，時間外労働の上限規制については，改正法に従った内容で36協定を締結するよう努力するものとされています[6]。また，上記**3**の改正は令和3年4月1日から適用されます[7]。

5　月60時間を超える時間外労働の割増率を50％以上とする労基法37条1項但書について，令和5年4月1日に，中小企業への猶予措置が廃止されます。同条項は，平成22年4月1日に施行されたものですが，中小企業については当分の間適用しないとされていたものです。

6　働き方改革法の適用を1年間猶予される中小企業の判断基準は，少々複雑です。資本金ないし出資金の金額が一定の金額以下か，常時使用する労働者数が一定の人数以下であれば，中小企業と判断されるのですが，次の表のとおり，業種によって金額・人数が異なります。

業種	資本金・出資金		業種	常時使用する労働者数
小売業	5,000万円以下		小売業	50人以下
サービス業	5,000万円以下	**or**	**サービス業**	**100人以下**
卸売業	1億円以下		卸売業	100人以下
その他	3億円以下		その他	300人以下

　個々の学校法人が中小企業に当たるかどうか判断する際には，難解な論点があります。

---

(6)　働き方改革法附則3条1項及び2項。
(7)　働き方改革法附則11条。

　まず，学校法人には資本金・出資金の概念がないため，常時使用する労働者数のみで判断することとなります。

　次に，学校法人がどの業種に当たるのかも，悩ましい問題です。中小企業の定義は中小企業基本法2条1項に従うのですが，中小企業庁のQ&Aによると，業種の分類は，総務省が公表している「日本標準産業分類」を用いて判断します。これによると，「学校教育」は，大分類Oの「教育，学習支援業」として，サービス業に分類されています。

　さらに，「常時使用する労働者」が誰を指すのかも，働き方改革法の条文からは不明です。厚生労働省のQ&Aでは，「臨時的に雇い入れた労働者を除いた労働者数で判断します。なお，休業などの臨時的な欠員の人数については算入する必要があります。パート・アルバイトであっても，臨時的に雇い入れられた場合でなければ，常時使用する労働者数に算入する必要があります。」とされていますが，これだけでは，どのような教職員が除外されるのかわかりません。

　ここでも中小企業庁のQ&Aを参照すると，労基法20条及び21条の規定に基づく解雇予告が必要となる者とされています。具体的には，次の4類型に当たる者を除き，専任・常勤・非常勤・パートタイム等の区別とは関係なく，「常時使用する労働者」に該当することとなります[8]。

①　日々雇用者（勤続1か月以内に限る）
②　雇用期間2か月以内の有期雇用者（勤続2か月以内に限る）
③　雇用期間4か月以内の季節的業務の従事者（勤続4か月以内に限る）
④　試用期間中の者（雇入れから14日以内に限る）

　なお，この「常時使用する労働者」の定義は，他の法令の「常時使用する労働者」の定義とは一致しない点に，注意が必要です。例えば，安衛法に基づく一般健康診断の対象となる「常時使用する労働者」は，①無期雇用の者，②有

---

[8]　派遣労働者は，派遣元の労働者数にカウントされるので，学校法人の労働者数にはカウントされません。出向者は，出向先と出向元の双方と雇用契約があるため，両方で労働者数にカウントされます。厚生労働省Q&A（平成31年4月）A2-22参照。

期雇用で勤続1年以上又は1年以上の勤務を予定する者，③1週間の所定労働時間が通常の労働者の4分の3以上の者，とされています。

第2章

労働時間の上限規制

Q7 労働時間と休日に関する法規制の全体像を教えてください。

1　学校法人が教職員に労働をさせることができる時間数の原則は，1日8時間以内，かつ，1週40時間以内です。この時間を，法定労働時間といいます（労基法32条）。

　ここでいう「1日」とは，暦日によるため，0時から24時までの24時間を指します[(1)]。ただし，徹夜勤務のように2日にわたって継続勤務をした場合には，2日目の労働時間は，1日目の労働時間としてカウントします[(2)]。

　また，「1週」とは，就業規則等で特に定めていなければ，日曜から土曜までの暦週を指します[(3)]。

---

(1)　昭和42年12月27日付基収5675号。
(2)　昭和63年1月1日付基発1号・婦発1号。
(3)　昭和63年1月1日付基発1号・婦発1号。

○労基法

> （労働時間）
> 第32条　使用者は，労働者に，休憩時間を除き1週間について40時間を超えて，労働させてはならない。
> 2　使用者は，1週間の各日については，労働者に，休憩時間を除き1日について8時間を超えて，労働させてはならない。

2　休日は，原則として週に1日以上確保する必要があります（労基法35条1項）。就業規則等に定めることで，4週間を通じて4日以上の休日を確保するという変形週休制を採用することもできますが（労基法35条2項），私立学校ではあまり用いられていません。労基法35条が定める1週1日又は4週4日の休日を，法定休日といいます。

　ここでの「1日」も暦日を指すため，休日を与えたというためには，原則として，0時から24時までの24時間を通じて労働から解放されている必要があります[4]。例えば，午前10時から翌日午前10時まで休ませても，休日を与えたことにはなりません。

○労基法

> （休日）
> 第35条　使用者は，労働者に対して，毎週少くとも1回の休日を与えなければならない。
> 2　前項の規定は，4週間を通じ4日以上の休日を与える使用者については適用しない。

3　就業規則や雇用契約で定める労働時間は，所定労働時間といいます。所定労働時間は，法定労働時間を上回らないように定める必要がありま

---

(4)　昭和23年4月5日付基発535号。

す。1日9時間勤務のように，法定労働時間を上回る規定は無効となり，法定
労働時間に短縮されます（労基法13条）。

　反対に，就業規則等で，1日7時間勤務など，法定労働時間より短い労働時
間を定めることは可能です。

4　　Q8で解説するとおり，法定労働時間を超える労働や法定休日の労働
　　　をさせるためには，労基法36条1項に基づく労使協定を締結し，就業規
則に時間外・休日労働命令の根拠規定を置くことが必要です。労基法36条に根
拠を持つので，この労使協定は，一般に「36協定」（サブロク協定）と呼ばれ
ています。

　36協定がない状態で，法定労働時間を超える勤務をさせたり，法定休日に勤
務をさせたりすると，たとえそれが1分だけであっても，労基法違反になって
しまいます。

　なお，法定労働時間より短い所定労働時間を定めている場合，36協定がなく
ても，法定労働時間の範囲内での時間外労働をさせることが可能です（法内超
勤）。例えば，就業規則で1日7時間勤務と定めている学校において，1時間
の時間外労働を命じたとしても，労基法違反にはなりません。

5　　労基法には，柔軟な労働時間制度がいくつか用意されています。
　　　Q9～Q10で詳しく解説しますが，1か月単位又は1年単位の変形労
働時間制（労基法32条の2，32条の4）を採用することで，1日8時間以内・週
40時間以内の法定労働時間を柔軟に利用できるようになります。もっとも，対
象期間を通じて平均週40時間以内で労働時間を設定しなければならないため，
労働時間の総枠が増えることはありません。

　また，Q19～Q20で解説する専門業務型裁量労働制（38条の3）のように，
実際の勤務時間に関係なく一定の時間勤務したとみなす制度がいくつかありま
すが，法定労働時間に変更を加える制度ではありません。例えば，大学教授に
ついて専門業務型裁量労働制を導入し，「1日8時間勤務したとみなす」と定

めた場合，実際の労働時間にかかわらず，その日の労働時間は8時間として取り扱うので，法定労働時間を超えていないと考えることになります。

このほか，教職員が事業場外で勤務した場合で，勤務状況を具体的に把握することが困難であるときは，所定労働時間の労働をしたものとみなす制度があります（労基法38条の2）。

6 　上記の労働時間及び休日に関する規制は，働き方改革法による労基法改正後も，変更はありません。

Q8　時間外労働について，改正前の労基法はどのように規制して
いたのですか。

1　学校法人が教職員に対して，1日8時間以内かつ1週40時間以内の法
　　定労働時間を超える労働（法定時間外労働）や，1週1日又は4週4日
の法定休日の労働（法定休日労働）を命じるためには，労基法36条1項に基づ
く労使協定（36協定）を締結し，所轄の労働基準監督署に届け出なければなり
ません。加えて，就業規則等に，時間外・休日労働を命じることができる旨の
規定を置く必要があります。

　36協定は，当該事業場の教職員の過半数が加入する労働組合があれば，その
過半数組合と締結し，過半数組合がなければ，当該事業場の教職員の過半数を
代表する者と締結します。

○**労基法**

（時間外及び休日の労働）
第36条　使用者は，当該事業場に，労働者の過半数で組織する労働組合がある場
　合においてはその労働組合，労働者の過半数で組織する労働組合がない場合に
　おいては労働者の過半数を代表する者との書面による協定をし，厚生労働省令
　で定めるところによりこれを行政官庁に届け出た場合においては，第32条から
　第32条の5まで若しくは第40条の労働時間（以下この条において「労働時間」
　という。）又は前条の休日（以下この条において「休日」という。）に関する規
　定にかかわらず，その協定で定めるところによつて労働時間を延長し，又は休
　日に労働させることができる。〔以下略〕

2　働き方改革法による法改正前は，36協定には，次の事項を定めること
　　とされていました（労基規則16条）。実務的には，労働基準監督署に届出
をする際に用いる「様式第9号」を協定書として利用することも多いようです
（労基規則17条）。

① 時間外又は休日の労働をさせる必要のある具体的事由

② 業務の種類

③ 労働者の数

④ 1日及び1日を超える一定の期間についての延長することができる時間
又は労働させることができる休日

⑤ 有効期間

なお，36協定では，有効期間満了後は自動更新とする旨を定めることも可能
です。この場合，協定の更新ごとに，更新について労使双方から異議がなかっ
た事実を証する書面を，労働基準監督署へ届け出ることとなります(5)。

3 改正前労基法には，時間外労働を命じることができる時間数の上限は
定められていなかったのですが，厚生労働省の告示「労働基準法36条1
項の協定で定める労働時間の延長の限度等に関する基準」（限度基準告示）で，
時間外労働の上限が定められていました(6)。具体的には，次の内容で，一定の
期間ごとに，時間外労働の原則の上限（限度時間）が定められていました。

【原則の限度時間】

期間	限度時間
1週間	15時間
2週間	27時間
4週間	43時間
1か月	45時間
2か月	81時間
3か月	120時間
1年間	360時間

(5) 昭和29年6月29日付基発355号。

(6) 平成10年12月28日付労働省告示154号（最終改正平成21年5月29日厚生労働省告示316号，
平成30年9月7日付厚生労働省告示323号により廃止）。

【3か月を超える期間を単位とする変形労働時間制の場合の限度時間】

期間	限度時間
1週間	14時間
2週間	25時間
4週間	40時間
1か月	42時間
2か月	75時間
3か月	110時間
1年間	320時間

　もっとも，従前の限度時間は法的拘束力のない告示の形式で定められていたため，これに違反した36協定も無効ではないと解されていました。実際には，多くの民間企業や私立学校で限度基準告示に従った内容で36協定を締結していましたが，一部では，限度時間を超える時間数を定める36協定も見られました。

　なお，限度基準告示は，第5条で，①工作物の建設等の事業，②自動車の運転の業務，③新技術，新商品等の研究開発の業務，④季節的要因等により事業活動若しくは業務量の変動が著しい事業若しくは業務又は公益上の必要により集中的な作業が必要とされる業務として厚生労働省労働基準局長が指定するものについては，限度時間は適用除外としていました。

4　限度基準告示では，限度時間を超えて労働時間を延長しなければならない臨時的な特別の事情が生じたときに限り，限度時間を超える時間外労働を行う旨の条項を，36協定に定めることができる旨を定めていました。いわゆる「特別条項」と呼ばれるものです。

　特別条項を用いた場合の時間外労働の上限はなかったため，実質的には，青天井で時間外労働を命じることが可能でした。もちろん，過労死などの労働災害のリスクはありましたが，少なくとも労基法違反ではなかったため，長時間労働の温床として厳しい批判がありました。

5 　教職員に時間外労働や休日労働をさせた場合，通常の労働時間又は通常の労働日の賃金の計算額に次の割増率を上乗せして，時間外勤務手当又は休日勤務手当を支払う必要があります（労基法37条１項，割増賃金令）。

① 　月に60時間以内の時間外労働＝25%以上

② 　月に60時間を超える時間外労働＝50%以上

③ 　休日労働＝35%以上

　平成22年４月１日施行の労基法改正によって，労使協定を締結することで，②のうち25%を超える部分の割増賃金を有給休暇の付与に代えることができるようになりましたが（労基法37条３項），私立学校ではほとんど利用されていません。

　なお，中小企業に該当する学校法人では，月に60時間を超える時間外労働の割増率は，25%以上で足りるという例外規定があります（労基法施行規則138条）。

○労基法

（時間外，休日及び深夜の割増賃金）

第37条　使用者が，第33条又は前条第１項の規定により労働時間を延長し，又は休日に労働させた場合においては，その時間又はその日の労働については，通常の労働時間又は労働日の賃金の計算額の２割５分以上５割以下の範囲内でそれぞれ政令で定める率以上の率で計算した割増賃金を支払わなければならない。ただし，当該延長して労働させた時間が１箇月について60時間を超えた場合においては，その超えた時間の労働については，通常の労働時間の賃金の計算額の５割以上の率で計算した割増賃金を支払わなければならない。

2　前項の政令は，労働者の福祉，時間外又は休日の労働の動向その他の事情を考慮して定めるものとする。

3　使用者が，当該事業場に，労働者の過半数で組織する労働組合があるときはその労働組合，労働者の過半数で組織する労働組合がないときは労働者の過半数を代表する者との書面による協定により，第一項ただし書の規定により割増賃金を支払うべき労働者に対して，当該割増賃金の支払に代えて，通常の労働時間の賃金が支払われる休暇（第39条の規定による有給休暇を除く。）を厚生労働省令で定めるところにより与えることを定めた場合において，当該労働者が当該休暇を取得したときは，当該労働者の同項ただし書に規定する時間を超え

た時間の労働のうち当該取得した休暇に対応するものとして厚生労働省令で定める時間の労働については，同項ただし書の規定による割増賃金を支払うことを要しない。

4　使用者が，午後10時から午前5時まで（厚生労働大臣が必要であると認める場合においては，その定める地域又は期間については午後11時から午前6時まで）の間において労働させた場合においては，その時間の労働については，通常の労働時間の賃金の計算額の2割5分以上の率で計算した割増賃金を支払わなければならない。

5　第1項及び前項の割増賃金の基礎となる賃金には，家族手当，通勤手当その他厚生労働省令で定める賃金は算入しない。

告示の法的拘束力

　働き方改革法施行前の限度基準は，厚生労働省の告示で定められていました。

　告示とは，各省大臣，各委員会及び各庁の長官が，その機関の所掌事務について公示を必要とする場合に発するものとされていますが（国家行政組織法14条1項），その法的効果ははっきりしません。国会で成立した法律ではなく，法律の委任を受けた命令（政令，内閣府令，省令等）でもないため，法的拘束力はないと考えるのが素直です。本文でも述べたとおり，従前は，限度基準に違反した36協定も無効ではないと解されていました。

　もっとも，労働基準監督署が行う調査では，限度基準に従った内容で36協定を締結するよう指導を受けることがありました。法的拘束力のない告示であっても，それを前提とした指導に従うことを要求されるというのは，ダブルスタンダードというほかありません。このような規制のあり方は，法治国家として望ましいものではありません。この点では，労基法に限度時間が明記されたことは，適切な改正といえるでしょう。

Q9 1年単位の変形労働時間制について教えてください。

1 　変形労働時間制とは，1日8時間・1週40時間の法定労働時間の規制を，一定期間で平均して守ればいいとする，柔軟な労働時間制度です。

　私立学校でよく用いられるのは，1か月以内の期間を単位とするもの（1か月単位の変形労働時間制）と，1年以内の期間を単位とするもの（1年単位の変形労働時間制）です。1か月単位の変形労働時間制については，Q10を参照してください。

2 　私立学校の働き方の特徴の1つとして，繁忙期と閑散期の差が大きいことが挙げられます。

　2月〜4月頃は，入学試験，卒業判定，卒業式，入学式，履修登録など，教学関係の業務が集中します。これに加えて，学内諸規程の制定改廃，雇用契約の更新，予算・決算・事業計画・事業報告等の事務処理もこの時期に集中します。これに対して，7月〜9月頃は，学生・生徒の夏休み期間である上に，この時期にやらなければならない事務処理も少なく，閑散期といえます。

　1日8時間・1週40時間の法定労働時間に従った労務管理をしていると，繁忙期には時間外労働が多発し，閑散期にはやることがないのに出勤させるという非効率を生じます。このような非効率を解消するために，変形労働時間制を導入する学校が増えています。例えば，8月の労働時間を1日5時間にする代わりに，2月〜3月の労働時間を1日9時間にするというものです。

　変形労働時間制の下では，時間外労働の考え方が少し変わります。法定時間外労働となるのは，所定労働時間を超え，かつ，法定労働時間を超えた場合に限られます。先ほどの例でいえば，2月に1日10時間の労働をした場合に法定時間外労働となるのは1時間だけです[7]。また，8月に1日6時間の労働をした場合，1時間分は法定労働時間内の時間外労働（法内超勤）となるので，

25%の割増をしない賃金を支払えば足ります[(8)]。

3　　1 年単位の変形労働時間制は，過半数組合又は過半数代表者との間で労使協定を締結し，かつ，就業規則に根拠条文を置くことで導入できます（労基法32条の 4 第 1 項）。この労使協定は，労働基準監督署へ届け出なければなりません（労基法32条の 4 第 4 項）。

　一部に，労使協定のみで 1 年単位の変形労働時間制を導入する学校がありますが，労働時間に関する事項は就業規則の絶対的必要記載事項なので（労基法89条 1 号），労使協定の締結と就業規則の改正は，セットで行う必要があります。

4　　変形労働時間制の下でも，教職員の労働時間は，対象期間を通じて，1 週平均40時間以内に収めなければなりません。このほか，1 年単位の変形労働時間制には，次のような制約があります。

① 所定労働時間の制限（労基規則12条の 4 第 4 項）
- 1 日の所定労働時間の限度は10時間，1 週の所定労働時間の限度は52時間。
- 対象期間が 3 か月を超える場合，さらに次の制限が加わる。
  - →所定労働時間が48時間を超える週は，3 週を超えて連続してはならない。
  - →対象期間を初日から 3 か月ごとに区分した各期間において，所定労働時間が48時間を超える週は，3 週を超えてはならない。
② 連続する労働日の制限（労基規則12条の 4 第 5 項）
- 連続して労働させる日数は，6 日以内で定めなければならない。
  - →月曜日～土曜日を労働日にしたら，次の日曜日は必ず休日にしなければならない。その日曜日に出勤したら，休日労働になる。
- 特定期間を定めた場合，特定期間中は 1 週間に 1 日の休日が確保できれ

---

(7) 平成 6 年 1 月 4 日付基発 1 号。
(8) 昭和23年11月 4 日付基発1592号。

ば良い。

→各週に1日の休日があればよいので，最大12連勤の設定が可能。（例えば，1週目の日曜と2週目の土曜を休日にするパターン）

③　労働時間の変更禁止

- 一度特定した労働時間を変更することはできない[9]。

④　休日振替の原則禁止

- 通常の業務の繁閑を理由として休日振替を行うことはできない。ただし，労働日の特定時に予期しない事情が生じ，やむを得ず休日振替を行うことまで認めない趣旨ではない[10]。

→①就業規則に休日振替の根拠条文があることと，②対象期間又は特定期間の連続勤務日数の制限を守っていることが必要。

5　1年単位の変形労働時間制では，区分期間を設け，区分期間ごとに，労働日数及び総労働時間のみを定める方法をとることもできます（労基法32条の4第2項）。

　この場合，労使協定には，最初の期間のみ具体的な労働日・始業・終業時刻等を定めておきます。次の期間以降は，当該期間が始まる30日前までに具体的な労働日・始業・終業時刻等を書面で定めることとなりますが，その都度，過半数組合又は過半数代表者の同意が必要となります。

　また，就業規則には，勤務の種類ごとの始業・終業時刻及び休日，勤務の組み合わせについての考え方，勤務割表の作成手続及びその周知方法を定めることとされています[11]。

---

(9)　昭和63年3月14日付基発150号，平成6年3月31日付基発181号。

(10)　平成6年5月31日付基発330号，平成9年3月28日付基発210号，平成11年3月31日付基発168号。

(11)　平成11年1月29日付基発45号。

6　　　労使協定の作成例と就業規則の条文の作成例は，次のとおりです。

　　　就業規則には簡潔な内容だけ定めておき，労使協定に具体的な労働日，始業・終業時刻，休憩時間を記載し，労使協定を就業規則の別紙として添付することも可能です(12)。

≪1年単位の変形労働時間制に関する労使協定の作成例≫

1年単位の変形労働時間制に関する協定書

　　学校法人○○学園（以下，「学園」という。）と，○○高等学校の教職員の過半数を代表する者は，1年単位の変形労働時間制について，次のとおり協定する。

第1条　○○高等学校の専任教員及び専任職員については，本協定に定める1年単位の変形労働時間制を適用する。

第2条　本協定の対象期間は1年間とし，令和2年4月1日を起算日とする。

第3条　所定労働時間は，対象期間を平均して週40時間を超えないものとする。

第4条　対象期間の所定労働時間，始業時刻，終業時刻は，次のとおりとする。
　(1)　2月・3月・4月
　　　所定労働時間：9時間，始業：午前8時00分，終業：午後6時00分
　(2)　7月・8月
　　　所定労働時間：6時間，始業：午前9時00分，終業：午後4時00分
　(3)　その他の月
　　　所定労働時間：8時間，始業：午前8時00分，終業：午後5時00分

2　休憩時間は，正午から午後1時までの1時間とする。

3　対象期間の休日は，学年歴（別紙）のとおりとする。

第5条　特定期間は，定めない。

第6条　本協定の有効期間は，令和2年4月1日から令和3年3月31日までとする。

---

(12)　平成6年5月31日付基発330号。

令和2年○○月○○日

　　　　　　　学校法人○○学園　　理事長　　×　×　×　×　　印
　　　　　　　○○高等学校　　　　教職員代表　×　×　×　×　　印

≪就業規則の条文の改正例：就業規則に詳細を記載するもの≫

第○○条　教職員の勤務時間は，次のとおりとする。
　　始業　午前8時00分
　　終業　午後5時00分
　　休憩　午後0時から午後1時まで
第○○条　前条の定めにかかわらず，労働基準法第32条の4に基づく労使協定
　　を締結したときは，毎年4月1日を起算日とする1年間を対象期間とし，対
　　象期間を平均して1週の所定労働時間が40時間を超えない範囲内で，特定の
　　週において40時間，特定の日において8時間を超える変形労働時間制を採用
　　する。
2　前項の変形労働時間制の対象者は専任の教育職員及び事務職員とする。
3　第1項の変形労働時間制の適用を受ける者の始業時刻及び終業時刻は次の
　　とおりとし，休憩時間は正午から午後1時までとする。
　⑴　2月・3月・4月　　始業：午前8時00分，終業：午後6時00分
　⑵　7月・8月　　　　　始業：午前9時00分，終業：午後4時00分
　⑶　その他の月　　　　　始業：午前8時00分，終業：午後5時00分

≪就業規則の条文の改正例：詳細を労使協定に委任するもの≫

第○○条　教職員の勤務時間は，次のとおりとする。
　　始業　午前8時00分
　　終業　午後5時00分
　　休憩　午後0時から午後1時まで
第○○条　前条の定めにかかわらず，労働基準法第32条の4に基づく労使協定
　　を締結したときは，1年単位の変形労働時間制を採用する。

2　前項の変形労働時間制については，労使協定の定めるところによる。

Q10 1か月単位の変形労働時間制について教えてください。

1 1か月単位の変形労働時間制とは，1か月以内の一定の期間を平均して，1週あたりの労働時間が40時間を超えないように定めるものです（労基法32条の2）。

例えば，次のイメージのように，補講がある月曜日には10時間勤務してもらい，その分木曜日の勤務を2時間短くすることが可能です。

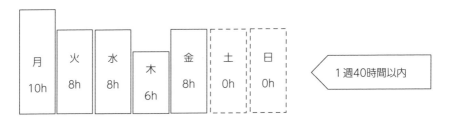

イメージのような所定労働時間を設定した場合，法定時間外労働となるのは，所定労働時間を超え，かつ，法定労働時間を超えた場合です。例えば，月曜日に11時間労働した場合には法定時間外労働となるのは1時間だけです[13]。また，木曜日に7時間労働した場合は，法定労働時間内の時間外労働（法内超勤）となるので，25%の割増をしない賃金を支払えば足ります。

上記のイメージのほかに，ある月の第1週には9時間×5日間働いてもらい，第2週は7時間×5日間とすることでも，1週あたりの平均労働時間が40時間に収まります。

2 1か月単位の変形労働時間制は，労使協定を締結しなくても，就業規則に規定を置くことで採用することができるため（労基法32条の2第1

---

[13] 昭和63年1月1日付基発1号。

項），１年単位の変形労働時間制と比べると，導入しやすい制度といえます。

　もっとも，一度特定した労働時間を変更することは原則として許されないた
め，労働日や労働時間を特定する際は，不要な時間外労働が発生しないよう慎
重な検討を要します。

3　　就業規則の条文の作成例は，次のとおりです。各日の始業・終業時刻
　　　等は具体的に特定する必要がありますが，業務の実態から月ごとに勤務
割を作成する必要がある場合には，作成例第３項～第４項のような定め方も許
容されると解されます(14)。

≪１か月単位の変形労働時間制に関する就業規則の条文の作成例≫

第○○条　前条の労働時間の定めにかかわらず，本校に勤務する専任又は常勤
　　の教育職員には，毎月１日を起算日とする１か月単位の変形労働時間制を適
　　用する。
２　前項の変形労働時間制を適用される者の労働時間は，１か月ごとに平均し
　　て１週間あたり40時間以内とする。
３　第１項の変形労働時間制を適用される者の各日の労働時間，始業時刻及び
　　終業時刻は，担当する授業及び校務分掌の状況を考慮して勤務割を定め，遅
　　くとも前月20日までに個別に通知する。
４　前項の勤務割は，次の勤務パターンにより作成し，原則として毎週２日の
　　休日を確保する。ただし，業務の都合により，勤務パターンの一部を変更し
　　て勤務割を作成することがある。
　　⑴　通常勤務日
　　　　始業：８時00分　終業：17時00分　休憩：12時00分～13時00分
　　⑵　補講日
　　　　始業：８時00分　終業：19時00分　休憩：12時00分～13時00分
　　⑶　短縮勤務日
　　　　始業：８時00分　終業：15時00分　休憩：12時00分～13時00分

---

(14)　昭和63年３月14日付基発150号。

○**労基法**

第32条の2　使用者は，当該事業場に，労働者の過半数で組織する労働組合が
　　ある場合においてはその労働組合，労働者の過半数で組織する労働組合がな
　　い場合においては労働者の過半数を代表する者との書面による協定により，
　　又は就業規則その他これに準ずるものにより，1箇月以内の一定の期間を平
　　均し1週間当たりの労働時間が前条第1項の労働時間を超えない定めをした
　　ときは，同条の規定にかかわらず，その定めにより，特定された週において
　　同項の労働時間又は特定された日において同条第2項の労働時間を超えて，
　　労働させることができる。
2　使用者は，厚生労働省令で定めるところにより，前項の協定を行政官庁に
　　届け出なければならない。

Q11 改正法による時間外労働の上限規制とは，どのような規制ですか。

1　働き方改革法により，労基法36条が大幅に改正されました。条文は末尾に掲載しているとおりです。第２項〜第６項，第10項〜第11項が，新しい規制を定めるものです。

2　改正労基法36条には，日本語として破綻しているのではないかと思うほど複雑な表現が含まれており，理解を困難にしています。同条の内容を大まかにまとめると，次のとおりです。

第１項

法定労働時間を超える時間外労働や法定休日の労働を命じるには，36協定を締結しなければならない。

第２項【新設】

36協定には，労基法・労基規則所定の事項を定めなければならない。

第３項〜第４項【新設】

時間外労働は，原則として，１か月45時間，１年360時間などの「限度時間」を超えてはならない。

※３か月超の期間を単位とする年単位変形労働時間制では，１か月42時間，１年320時間。

第５項【新設】

臨時的な特別の事情がある場合には，限度時間を超えてよいという「特別条項」を，36協定に定めることができる。ただし，次の制限を全て守らないといけない。

・休日労働＋時間外労働の合計は，１か月100時間未満，かつ，２か月〜６か月平均が全て80時間以内となるように定める（労基規則17条１項３

号参照）。

- 時間外労働の時間数は，年720時間以内で定める。
- 特別条項を使えるのは，年6か月まで。

第6項【新設】

　実際に行った休日労働＋時間外労働の合計は，1か月100時間未満，かつ，2か月～6か月平均が全て80時間以内に収まっていなければならない。

第7項～第9項

　厚生労働大臣が指針を定めるので，36協定は指針に適合するようにしなければならない。行政官庁は指針に従って助言・指導を行う。

第10項【新設】

　行政官庁の助言・指導は，労働者の健康確保に特に配慮して行う。

第11項【新設】

　新たな技術，商品又は役務の研究開発に係る業務については，限度時間の規制を適用しない。

3　改正後の労基法36条6項違反には，労基法119条1号で，6か月以下の懲役又は30万円以下の罰金の刑罰が定められています。

　もっとも，働き方改革法による改正前から，36協定を締結せずに時間外労働をさせたり，36協定に定めた上限を超えて時間外労働をさせた場合には，労基法32条違反として，同じ刑罰が定められていました（労基法119条1号）。新設の刑罰規定は，屋上屋を架すような内容ですが，長時間勤務に対して厳しい態度で臨むという意気込みを示したのでしょう。

4　なお，改正労基法では，工作物の建設の事業，一般旅客自動車運送事業・貨物自動車運送事業，医業に従事する医師，鹿児島県及び沖縄県における砂糖製造業については，新しい時間外労働の上限規制は，適用除外又は適用猶予とされています（労基法附則139条～142条）。

5　改正前の上限規制と改正後の上限規制を比較すると，次の図のとおりです。

【改正前の上限規制と改正後の上限規制の比較】(15)

〔改正前の上限規制〕

特別条項 による時 間外労働	年6か月まで 上限なし 【大臣告示】
限度基準 内の時間 外労働	月45時間 年360時間 【大臣告示】
法定労働 時間	1日8時間 週40時間 【労基法】

〔改正後の上限規制〕

特別条項 による時 間外労働	年6か月まで 上限あり 【労基法】
限度時間 内の時間 外労働	月45時間 年360時間 【労基法】
法定労働 時間	1日8時間 週40時間 【労基法】

(15)　厚労省リーフレット「働き方改革～一億総活躍社会の実現に向けて～」をもとに作成。

○労基法

（時間外及び休日の労働）

第36条　使用者は，当該事業場に，労働者の過半数で組織する労働組合がある場合においてはその労働組合，労働者の過半数で組織する労働組合がない場合においては労働者の過半数を代表する者との書面による協定をし，厚生労働省令で定めるところによりこれを行政官庁に届け出た場合においては，第32条から第32条の５まで若しくは第40条の労働時間（以下この条において「労働時間」という。）又は前条の休日（以下この条において「休日」という。）に関する規定にかかわらず，その協定で定めるところによつて労働時間を延長し，又は休日に労働させることができる。

2　前項の協定においては，次に掲げる事項を定めるものとする。

　一　この条の規定により労働時間を延長し，又は休日に労働させることができることとされる労働者の範囲

　二　対象期間（この条の規定により労働時間を延長し，又は休日に労働させることができる期間をいい，１年間に限るものとする。第４号及び第６項第３号において同じ。）

　三　労働時間を延長し，又は休日に労働させることができる場合

　四　対象期間における１日，１箇月及び１年のそれぞれの期間について労働時間を延長して労働させることができる時間又は労働させることができる休日の日数

　五　労働時間の延長及び休日の労働を適正なものとするために必要な事項として厚生労働省令で定める事項

3　前項第４号の労働時間を延長して労働させることができる時間は，当該事業場の業務量，時間外労働の動向その他の事情を考慮して通常予見される時間外労働の範囲内において，限度時間を超えない時間に限る。

4　前項の限度時間は，１箇月について45時間及び１年について360時間（第32条の４第１項第２号の対象期間として３箇月を超える期間を定めて同条の規定により労働させる場合にあつては，１箇月について42時間及び１年について320時間）とする。

5　第１項の協定においては，第２項各号に掲げるもののほか，当該事業場における通常予見することのできない業務量の大幅な増加等に伴い臨時的に第３項の限度時間を超えて労働させる必要がある場合において，１箇月について労働時間を延長して労働させ，及び休日において労働させることができる時間（第２項第４号に関して協定した時間を含め100時間未満の範囲内に限る。）並びに１年について労働時間を延長して労働させることができる時間（同号に関して協定した時間を含め720時間を超えない範囲内に限る。）を定めることができる。

この場合において，第1項の協定に，併せて第2項第2号の対象期間において労働時間を延長して労働させる時間が1箇月について45時間（第32条の4第1項第2号の対象期間として3箇月を超える期間を定めて同条の規定により労働させる場合にあつては，1箇月について42時間）を超えることができる月数（1年について6箇月以内に限る。）を定めなければならない。

6　使用者は，第1項の協定で定めるところによつて労働時間を延長して労働させ，又は休日において労働させる場合であつても，次の各号に掲げる時間について，当該各号に定める要件を満たすものとしなければならない。

一　坑内労働その他厚生労働省令で定める健康上特に有害な業務について，1日について労働時間を延長して労働させた時間　2時間を超えないこと。

二　1箇月について労働時間を延長して労働させ，及び休日において労働させた時間　100時間未満であること。

三　対象期間の初日から1箇月ごとに区分した各期間に当該各期間の直前の1箇月，2箇月，3箇月，4箇月及び5箇月の期間を加えたそれぞれの期間における労働時間を延長して労働させ，及び休日において労働させた時間の1箇月当たりの平均時間　80時間を超えないこと。

7　厚生労働大臣は，労働時間の延長及び休日の労働を適正なものとするため，第1項の協定で定める労働時間の延長及び休日の労働について留意すべき事項，当該労働時間の延長に係る割増賃金の率その他の必要な事項について，労働者の健康，福祉，時間外労働の動向その他の事情を考慮して指針を定めることができる。

8　第1項の協定をする使用者及び労働組合又は労働者の過半数を代表する者は，当該協定で労働時間の延長及び休日の労働を定めるに当たり，当該協定の内容が前項の指針に適合したものとなるようにしなければならない。

9　行政官庁は，第7項の指針に関し，第1項の協定をする使用者及び労働組合又は労働者の過半数を代表する者に対し，必要な助言及び指導を行うことができる。

10　前項の助言及び指導を行うに当たつては，労働者の健康が確保されるよう特に配慮しなければならない。

11　第3項から第5項まで及び第6項（第2号及び第3号に係る部分に限る。）の規定は，新たな技術，商品又は役務の研究開発に係る業務については適用しない。

○労基規則

第17条　法第36条第2項第5号の厚生労働省令で定める事項は，次に掲げるもの
とする。ただし，第4号から第7号までの事項については，同条第1項の協定
に同条第5項に規定する事項に関する定めをしない場合においては，この限り
でない。
一　法第36条第1項の協定（労働協約による場合を除く。）の有効期間の定め
二　法第36条第2項第4号の1年の起算日
三　法第36条第6項第2号及び第3号に定める要件を満たすこと。
四　法第36条第3項の限度時間（以下この項において「限度時間」という。）を
　超えて労働させることができる場合
五　限度時間を超えて労働させる労働者に対する健康及び福祉を確保するため
　の措置
六　限度時間を超えた労働に係る割増賃金の率
七　限度時間を超えて労働させる場合における手続
2　使用者は，前項第5号に掲げる措置の実施状況に関する記録を同項第1号の
有効期間中及び当該有効期間の満了後3年間保存しなければならない。
3　前項の規定は，労使委員会の決議及び労働時間等設定改善委員会の決議につ
いて準用する。

Q12　改正法による時間外労働の上限規制の留意点を教えてください。

1　労基法36条の改正のうち，特に重要な点は，第3項～第6項で新設された規制です。

2　改正労基法36条3項～4項によって，従前は法的拘束力のない告示で定められていた限度時間が，法律に"格上げ"されました。これにより，限度時間の規制に違反した36協定は，全体として無効になると解されます[16]。

36協定が無効になると，法定時間外労働と法定休日労働は全て労基法違反になってしまいます。特に，3か月以上の期間を単位とする年単位変形労働時間制を採用している学校では，限度時間が，原則の1か月45時間・1年360時間ではなく，1か月42時間・1年320時間となる点が要注意です。年単位変形労働時間制を導入する際には，同時に36協定も見直す必要があります。

なお，限度時間に算入されるのは，法定時間外労働のみです。所定労働時間を超えるが法定労働時間には収まっている時間外労働（法内超勤）や，法定休日労働の時間は，限度時間に算入されません[17]。

3　改正労基法36条5項は，特別条項を用いる場合に，時間外・休日労働の時間数に上限を設けるものです。従前の限度基準告示にはなかった規制である上に，少々わかりにくい内容です。

まず，36協定を締結する際には，休日労働と時間外労働の合計について，次のルールを全て守るように定めなければなりません（労基規則17条1項3号参照）。

①　休日労働と時間外労働の合計時間数

[16]　平成30年12月28日付基発1228第15号。
[17]　厚生労働省Q&A（平成31年4月）A2-23参照。

- 1か月間の休日労働と時間外労働の合計は，100時間<u>未満</u>
- 2か月間の平均，3か月間の平均，4か月間の平均，5か月間の平均，6か月間の平均は，いずれも80時間<u>以内</u>

② <u>時間外労働</u>の時間数

- 1年間で720時間<u>以内</u>

③ 特別条項を使える回数

- 特別条項を使えるのは，年6回まで

この上限規制は，いわゆる過労死基準[18] を参考に定められたものですが，非常に繁雑な計算を強いられる内容です。

まず，①の上限規制に違反していないか判断するためには，直近の月の労働時間だけでなく，過去6か月の労働時間を遡って確認する必要があります。この作業を避けるために，1か月100時間未満の枠を用いることを諦めて，特別条項に「1か月80時間以内」と定める学校もあります。

次に，①の月単位の上限規制には法定休日労働を算入しますが，②の年単位の上限規制には法定休日労働時間を算入しない点も，要注意です。日曜日から土曜日まで毎日8時間の労働をした場合で考えてみましょう。

	労働時間	法的性質	①の上限規制	②の上限規制
日曜日	8時間	所定労働	算入しない	算入しない
月曜日	8時間	所定労働	算入しない	算入しない
火曜日	8時間	所定労働	算入しない	算入しない
水曜日	8時間	所定労働	算入しない	算入しない
木曜日	8時間	所定労働	算入しない	算入しない
金曜日	8時間	時間外労働	算入する	算入する
土曜日	8時間	休日労働	算入する	算入しない

---

[18] 平成13年12月12日付基発1063号「脳血管疾患及び虚血性心疾患等（負傷に起因するものを除く。）の認定基準について」は，「発症前1か月間におおむね100時間又は発症前2か月間ないし6か月間にわたって，1か月当たりおおむね80時間を超える時間外労働が認められる場合は，業務と発症との関連性が強いと評価できる」としています。

　全教職員について，1年を通じて，ある日の労働時間が①及び②の上限規制の対象になるか否か，ミスなく判断し続けることは非常に高度な作業です。職種によって所定労働時間が違う学校や，変形労働時間制を採用している学校では，さらに複雑な判断を強いられます。

　なお，従前の限度基準告示のもとで特別条項を使える回数について，個々の従業員について1年間に6か月特別条項を適用させることができるということではなく，36協定が適用される従業員が1人でも限度時間を超えることになれば特別条項を発動させることになる，という見解があります[19]。従前の行政解釈では，6回という回数については，「特定の労働者についての特別条項付き協定の適用が1年のうち半分を超えないものとすること」と記載されていましたが[20]，働き方改革法に関する通達やQ&Aにはこの点に関する記載がないため，どちらの解釈に従うべきか，はっきりしません。

　結局のところ，これらの論点を避けるためには，できるだけ特別条項を適用せず，時間外労働が限度時間内に収まるような労務管理をすることが最善の対策となりそうです。

---

[19]　岩崎仁弥著・TMI総合法律事務所監修『改訂版　社内規程作成・見直しマニュアル』679頁（日本法令，平成30年）。
[20]　平成15年10月22日付基発1022003号。

Q13 改正法による時間外労働の上限規制は，私立学校の働き方に影響があるのですか。

1 ほぼ全ての私立学校に影響があると思われます。特に，これまで緩やかな労務管理をしていた私立学校では，大きな影響を生じる可能性があります。

2 まず，36協定の記載事項に変更があった点が挙げられます。36協定を締結している学校では，例外なく，改正法に従った内容に見直す必要があります。

また，36協定の届出様式にも変更があります。改正法が適用される36協定は，特別条項がない場合は「様式第9号」，特別条項を設ける場合は「様式第9号の2」で届け出ることとなります。

なお，時間外・休日労働を行っているにもかかわらず，36協定を締結していない私立学校が散見されます。法改正の前後を問わず労基法違反となるので，早急に是正しなければなりません。

3 改正法による時間外労働の上限規制は，いわゆる過労死基準を参照したものです。1か月100時間以上の時間外・休日労働とは，月曜日から金曜日まで1日も欠かさず12時間以上勤務し，さらに土曜日・日曜日にも出勤している状態です。このような極端な長時間労働がない限りは，新しい上限規制が労務管理に影響することはないはずです。

もっとも，一部の私立学校では，長時間労働が放置又は黙認されている事例があります。管理職が出退勤をコントロールせず，個々の教職員の判断に任せていることが直接の原因であることが多いのですが，タイムカードを導入していない，公立学校の取扱いに準じて割増賃金を支払っていないなど，労務管理に関する体制が整っていないことが背景にあると推測されます。

　改正法施行後は，労働基準監督署の調査，助言，指導等は，「労働者の健康が確保されるよう特に配慮」して行われるため（労基法36条10項），違法な時間外労働は厳しい指導等の対象となりますし，刑罰規定を適用され，書類送検等が行われる可能性も否定できません。さらに，長時間労働によって教職員が精神疾患になったり，死亡したりすることで，多額の損害賠償責任を生じることもあります。

　長時間労働による法的リスクは，法改正前から存在するものですが，今後，このようなリスクが顕在化する可能性は高くなると思われます。教職員の増員，不必要な業務の削減等，業務の見直しが必要でしょう。

災害時の時間外労働

　36協定に基づく時間外労働のほかに，災害等の避けることのできない事由によって臨時の必要がある場合，所轄の労働基準監督署長の許可又は届出により，36協定がなくても時間外・休日勤務が可能となることがあります（労基法33条，労基規則13条）。

　地震・台風等の災害対応が典型例ですが，行政解釈が示す許可基準[21]によると，学校の運営が不可能になるような突発的な機械・設備の故障への対応，サーバーへの攻撃によるシステムダウンへの対応等も含まれます。もっとも，通常予見されるものは対象外とされているため，許可基準自体が曖昧であることは否定できません。また，行政解釈[22]は，労基法33条に該当する場合は特別条項の対象に含まれないとしていますが，労基法36条5項は労基法33条に該当する場面を排除していないため，疑問のある解釈です。

　私立学校の実務で，労基法33条の許可又は届出を用いる事例はほとんどありません。災害対応は，法定労働時間の範囲内か，36協定に基づく時間外労働で対応することが多いようです。いずれにせよ，災害が予想される場合には事前に休校を決めておく，災害が起きた場合の事務処理を定めておくなど，突発的な時間外労働が生じないよう，平時から対策を取っておきたいところです。

---

(21)　令和元年6月7日付基監発0607第1号，基発0607第1号。
(22)　平成30年12月28日付基発1228第15号。

Q14 36協定について，厚生労働省の指針は何を定めているのです
か。

1 平成30年9月7日付で，「労働基準法第36条第1項の協定で定める労
働時間の延長及び休日の労働について留意すべき事項等に関する指針」
が公表されました(23)。この指針では，36協定を締結する際の留意事項が比較的
わかりやすくまとめられているため，参考になります。

以下では，指針に記載された内容のうち，私立学校で36協定を締結する際に
参照すべき点を紹介します。

2 指針3条1項では，36協定の範囲内の時間外・休日労働であっても，
使用者は労働者に対して安全配慮義務（労契法5条）を負うことを確認
しています。

安全配慮義務とは，労働者の生命・健康等を危険から保護するように配慮す
る義務です。36協定の範囲内の時間外・休日労働は労基法違反ではないのです
が，安全配慮義務に違反するような労務管理があった場合には，労基法違反の
問題とは別に，損害賠償責任を負うことがあります。

また，指針3条2項は，いわゆる過労死基準に言及した上で，1週40時間を
超える労働時間が，1か月において概ね45時間を超えて長くなるほど，業務と
脳・心臓疾患発症の関連性が徐々に強まることなどに留意するよう求めていま
す。

---

(23) 平成30年9月7日付厚生労働省告示323号。

○労契法

（労働者の安全への配慮）
第5条　使用者は，労働契約に伴い，労働者がその生命，身体等の安全を確保しつつ労働することができるよう，必要な配慮をするものとする。

3　　指針4条は，時間外・休日労働の対象となる業務の範囲を，業務の区分を細分化することによって明確にするよう求めています。

4　　指針5条は，特別条項を用いる場合の留意点を述べています。

　　まず，指針5条1項は，特別条項を用いる場合には，限度時間を超える労働が必要となる事由をできる限り具体的に定めることを求めています。例えば，「業務の都合上必要な場合」「業務上やむを得ない場合」など，恒常的な長時間労働を招くおそれがあるものは認められないとしています。

　次に，指針5条2項は，特別条項によって延長する労働時間数は，限度時間にできる限り近づけるように努めなければならないとしています。

　指針5条3項は，限度時間を超える時間外労働に対する割増賃金について，労基法所定の割増率を超える率とするように努めなければならないとしています。

5　　指針6条及び別表は，1か月未満の雇用期間の労働者に言及する内容ですが，私立学校ではほとんど用いられない雇用形態です。

6　　指針7条は，時間外労働をできる限り短くし，休日労働をできる限り少なくするよう努めなければならないとしています。

7　　指針第8条は，特別条項を用いる場合に講じるべき健康・福祉確保措置について，9種類を例示しています。健康・福祉確保措置の内容は，Q16を確認してください。

8 　なお，指針では，労使協定の当事者に義務を課すかのような表現が用いられていますが，告示の形式をとっているため，指針に法的拘束力はありません。

　指針の内容を参照した上で，どのような内容の労使協定を締結するかは，労基法及び労基規則等の法令に反しない限り，労使合意に委ねられています。

○労働基準法第36条第1項の協定で定める労働時間の延長及び休日の労働について留意すべき事項等に関する指針（抜粋）

（使用者の責務）

第3条　使用者は，時間外・休日労働協定において定めた労働時間を延長して労働させ，及び休日において労働させることができる時間の範囲内で労働させた場合であっても，労働契約法（平成19年法律第128号）第5条の規定に基づく安全配慮義務を負うことに留意しなければならない。

2　使用者は，「脳血管疾患及び虚血性心疾患等（負傷に起因するものを除く。）の認定基準について」（平成13年12月12日付け基発第1063号厚生労働省労働基準局長通達）において，1週間当たり40時間を超えて労働した時間が1箇月においておおむね45時間を超えて長くなるほど，業務と脳血管疾患及び虚血性心疾患（負傷に起因するものを除く。以下この項において「脳・心臓疾患」という。）の発症との関連性が徐々に強まると評価できるとされていること並びに発症前1箇月間におおむね100時間又は発症前2箇月間から6箇月間までにおいて1箇月当たりおおむね80時間を超える場合には業務と脳・心臓疾患の発症との関連性が強いと評価できるとされていることに留意しなければならない。

（業務区分の細分化）

第4条　労使当事者は，時間外・休日労働協定において労働時間を延長し，又は休日に労働させることができる業務の種類について定めるに当たっては，業務の区分を細分化することにより当該業務の範囲を明確にしなければならない。

（限度時間を超えて延長時間を定めるに当たっての留意事項）

第5条　労使当事者は，時間外・休日労働協定において限度時間を超えて労働させることができる場合を定めるに当たっては，当該事業場における通常予見することのできない業務量の大幅な増加等に伴い臨時的に限度時間を超えて労働させる必要がある場合をできる限り具体的に定めなければならず，「業務の都合上必要な場合」，「業務上やむを得ない場合」など恒常的な長時間労働を招くおそれがあるものを定めることは認められないことに留意しなければならない。

2　労使当事者は，時間外・休日労働協定において次に掲げる時間を定めるに当

たっては，労働時間の延長は原則として限度時間を超えないものとされている
ことに十分留意し，当該時間を限度時間にできる限り近づけるように努めなけ
ればならない。
一　法第36条第5項に規定する1箇月について労働時間を延長して労働させ，
　　及び休日において労働させることができる時間
二　法第36条第5項に規定する1年について労働時間を延長して労働させるこ
　　とができる時間
3　労使当事者は，時間外・休日労働協定において限度時間を超えて労働時間を
　延長して労働させることができる時間に係る割増賃金の率を定めるに当たって
　は，当該割増賃金の率を，法第36条第1項の規定により延長した労働時間の労
　働について法第37条第1項の政令で定める率を超える率とするように努めなけ
　ればならない。
（1箇月に満たない期間において労働する労働者についての延長時間の目安）
第6条　労使当事者は，期間の定めのある労働契約で労働する労働者その他の1
　箇月に満たない期間において労働する労働者について，時間外・休日労働協定
　において労働時間を延長して労働させることができる時間を定めるに当たって
　は，別表の上欄に掲げる期間の区分に応じ，それぞれ同表の下欄に掲げる目安
　時間を超えないものとするように努めなければならない。
（休日の労働を定めるに当たっての留意事項）
第7条　労使当事者は，時間外・休日労働協定において休日の労働を定めるに当
　たっては労働させることができる休日の日数をできる限り少なくし，及び休日
　に労働させる時間をできる限り短くするように努めなければならない。

Q15 改正法に対応する労使協定のひな型はありますか。

1 労基法改正により，36協定の記載事項が大きく変わりました。このため，ほぼ全ての学校法人で，36協定の見直しが必要となります。

特別条項を用いない場合は，次のような内容で労使協定を締結することが考えられます。【　】に記載しているのは，根拠となる労基法又は労基規則の条文です。

≪36協定の作成例：特別条項を用いないもの≫

時間外・休日労働に関する協定書

　学校法人○○学園（以下，「学園」という。）と，○○高等学校の教職員の過半数を代表する者は，時間外勤務及び休日勤務について，次のとおり協定する。

第1条　この協定の適用範囲は，○○高等学校の全教職員とする。【法36条2項1号】

第2条　学園は，学校行事，入学試験，生徒指導，予算・決算業務その他業務上の必要がある場合，○○学園就業規則第○○条に基づき，教職員に対し，時間外勤務又は休日勤務を命じることがある。【法36条2項3号】

第3条　時間外勤務の時間数は，1日につき6時間，1か月につき45時間，令和2年4月1日を起算日とする1年につき360時間を超えないものとする。【法36条2項4号，規則17条1項2号】
2　休日勤務の日数は，1か月につき2日とする。【法36条2項4号】

第4条　時間外勤務及び休日勤務を合算した時間数は，1か月につき100時間未満，かつ，2か月から6か月までを平均して80時間以内とする。【規則17条1項3号】

第5条　本協定の有効期間及び対象期間は，令和2年4月1日から令和3年3月31日までとする。【法36条2項2号，規則17条1項1号】

令和2年○○月○○日
　　　　　　　　　　学校法人○○学園　　理事長　　×　×　×　×　　印
　　　　　　　　　　○○高等学校　　　　教職員代表　×　×　×　×　　印

2　　　上記のひな型を用いる際の留意点は，次のとおりです。
　①　表題部では，時間外・休日労働に関する労使協定であることを明示しています。
②　作成例1条では，この学校に勤務する全ての教職員を対象にすることとしています。
③　36協定には，時間外労働や休日労働をさせる具体的事由を記載する必要があります。作成例2条では，「学校行事，入学試験，生徒指導，予算・決算業務その他業務上の必要がある場合」としていますが，各学校の実情に応じて定めることが適切です。
④　36協定には，時間外勤務の上限と休日勤務の回数の上限を定める必要があります。このうち，時間外勤務の上限は，1日，1か月，1年に分けて定めなければなりません。作成例3条1項で1日の上限を6時間としているのは，終電で帰宅することを想定したものです。もし徹夜勤務の可能性があれば，法定労働時間8時間と休憩1時間と合わせて24時間になるように，1日の上限を15時間と定めることになります。なお，1年についてのみ，起算日を定める必要があります。
⑤　36協定に記載する時間外労働の時間数は，法定労働時間を基準に算定し

ます。1日7時間勤務など，法定労働時間より短い所定労働時間を設定している事業場においても，法定労働時間を基準とした内容で協定する必要があります[24]。

⑥　特別条項を設けない場合でも，作成例4条のように労基法36条6項に対応する定めを置かないと，有効な労使協定にならないとされています（労基規則16条1項，17条1項3号，様式第9号記載心得7）。労働基準監督署への届出に用いる「様式第9号」には，労基法36条6項の上限を超過しないことについてのチェックボックスが設けられています。

⑦　作成例5条は，36協定の有効期間と対象期間を定めています。ほとんどの私立学校で，有効期間と対象期間は，いずれも1年間としています。

3　　ごく一部ですが，特別条項のない36協定の下で，限度基準を超える時間外勤務を行っている学校法人を見かけます。

もちろん，改正前の労基法の下でも違法だったのですが，労基法36条10項で，労働基準監督署が助言・指導を行う際には「労働者の健康が確保されるよう特に配慮しなければならない」と定められたため，今後は厳しい指導の対象になるものと思われます。

4　　なお，派遣労働者に関する36協定は，派遣元が締結することとなります。この点の改正はありません[25]。

5　　36協定を締結した後は，様式第9号で，労働基準監督署へ届け出る必要があります。

---

[24]　厚生労働省Q&A（平成31年4月）A2-33参照。
[25]　労働者派遣法44条の2第2項，平成30年12月28日付基発1228第15号。

【様式第９号】の表面

様式第９号（第16条第１項関係）

時間外労働
休日労働　に関する協定届

労働保険番号

法人番号

事業の種類	事業の名称	事業の所在地（電話番号）	協定の有効期間
		（〒　　－　　　　） （電話番号：　　　－　　　－　　　）	

		時間外労働をさせる 必要のある具体的事由	業務の種類	労働者数 （満18歳 以上の者）	所定労働時間 （１日） （任意）	延長することができる時間数			協定の有効期間

時間外労働
① 下記②に該当しない労働者

② １年単位の変形労働時間制により労働する労働者

		休日労働をさせる必要のある具体的事由	業務の種類	労働者数 （満18歳 以上の者）	所定休日 （任意）	労働させることができる法定 休日の日数	労働させることができる法定 休日における始業及び終業の時刻

休日労働

上記で定める時間数にかかわらず、時間外労働及び休日労働を合算した時間数は、１箇月について100時間未満でなければならず、かつ２箇月から６箇月までを平均して80時間を超過しないこと。
（チェックボックスに要チェック）□

協定の成立年月日　　　年　　月　　日

協定の当事者である労働組合（事業場の労働者の過半数で組織する労働組合）の名称又は労働者の過半数を代表する者の　職名　　氏名

協定の当事者（労働者の過半数を代表する者の場合）の選出方法（　　　　　　　　　）

　　　年　　月　　日

使用者　　職名　　氏名　　㊞

　　　労働基準監督署長殿

【様式第9号】の裏面

(記載心得)

様式第9号（第16条第1項関係）（裏面）

1 「業務の種類」の欄には、時間外労働又は休日労働をさせる必要のある業務を具体的に記入し、労働基準法第36条第6項第1号の健康上特に有害な業務について協定をした場合には、当該業務を他の業務と区別して記入すること。なお、業務の種類を記入するに当たっては、業務の区分を細分化することにより当該業務の範囲を明確にしなければならないことに留意すること。

2 「労働者数（満18歳以上の者）」の欄には、時間外労働又は休日労働をさせることができる労働者の数を記入すること。

3 「延長することができる時間数」の欄の記入に当たっては、次のとおりとすること。時間数は労働基準法第32条から第32条の5まで又は第40条の規定により労働させることができる最長の労働時間（以下「法定労働時間」という。）を超える時間数に加えて、休日の労働時間を記入すること。なお、本欄に記入する時間数にかかわらず、時間外労働及び休日労働を合算した時間数が1箇月について100時間以上となった場合、及び2箇月から6箇月までを平均して80時間を超えた場合には労働基準法第119条の規定により同法第36条第6項第2号及び第3号に違反することとなる。この場合には、原則として労働基準法違反となることに留意すること。

(1) 「1日」の欄には、法定労働時間を超えて延長することができる時間数であって、1日についての延長することができる限度となる時間数を記入すること。なお、所定労働時間を超える時間数についても協定する場合には、当該時間数を併せて記入することができる。

(2) 「1箇月」の欄には、法定労働時間を超えて延長することができる時間数であって、「1年」の欄に記入する「起算日」において定める日から1箇月ごとについての延長することができる限度となる時間数を記入すること。なお、所定労働時間を超える時間数についても協定する場合には、当該時間数を併せて記入することができる。

(3) 「1年」の欄には、法定労働時間を超えて延長することができる時間数であって、「起算日」において定める日から1年についての延長することができる限度となる時間数を記入すること。なお、所定労働時間を超える時間数についても協定する場合には、当該時間数を併せて記入することができる。

4 ②の欄は、労働基準法第32条の4の規定による労働時間により労働する労働者（対象期間が3箇月を超える1年単位の変形労働時間制により労働する者に限る。）について記入すること。なお、延長することができる時間数の1箇月の上限は42時間、1年の上限は320時間となることに留意すること。

5 「労働させることができる法定休日の日数」の欄には、労働基準法第35条の規定による休日（1週1休又は4週4休であることに留意すること。）に労働させることができる日数を記入すること。

6 「労働させることができる法定休日における始業及び終業の時刻」の欄には、労働基準法第35条の規定による休日であって労働させることができる日の始業及び終業の時刻を記入すること。

7 チェックボックスは労働者の過半数で組織する労働組合が事業場の労働者の過半数を代表する者であること及び労働者の過半数を代表する者が労働基準法施行規則第6条の2第1項の規定により、労働基準法第41条第2号に規定する監督又は管理の地位にある者でなく、かつ、同法に規定する協定等をする者を選出することを明らかにして実施される投票、挙手等の方法による手続により選出された者であって、使用者の意向に基づき選出されたものでないことのいずれにも該当する場合に、チェックボックスにチェックを入れること。

8 協定については、労働者の過半数で組織する労働組合が事業場の労働者の過半数を代表する者と協定すること。なお、労働者の過半数で組織する労働組合がない場合には、労働基準法第41条第2号に規定する監督又は管理の地位にある者でなく、かつ、同法に規定する協定等をする者を選出することを明らかにして実施される投票、挙手等の方法による手続により選出された者と協定すること。この場合、使用者の意向に基づき選出された者でないこと。

9 本様式で記入部分が足りない場合は同一様式を使用すること、必要のある事項のみ記入することとして差し支えない。

(備考)

1 労働基準法施行規則第24条の2第4項の規定により、労働基準法第38条の2第2項の協定（事業場外で従事する業務の遂行に通常必要とされる時間を協定する場合の当該協定）の内容を本様式に付記して届け出る場合においては、事業場外労働の対象業務については他の業務とは区別し、事業場外労働の対象業務である旨を括弧書きした上で、「協定の有効期間」の欄には当該事業場外労働に関する協定の有効期間を括弧書きすること。また、「協定の有効期間」の欄には事業場外労働に関する協定の有効期間を括弧書きすること。

2 労働基準法第38条の4第5項の規定により、労使委員会が設置されている事業場において、本様式を労働基準法第38条の4第1項の決議に係る委員会の決議として届け出る場合においては、「協定」とあるのは「労使委員会の決議」と、「協定の当事者である労働組合（事業場の労働者の過半数で組織する労働組合）の名称又は労働者の過半数を代表する者」とあるのは「委員会の委員の半数について任期を定めて指名した労働組合（事業場の労働者の過半数で組織する労働組合）の名称又は労働者の過半数を代表する者」と、「協定の当事者（労働者の過半数を代表する者）の選出方法」とあるのは「委員会の委員の半数について任期を定めて指名した者の選出方法」と読み替えるものとする。なお、委員の過半数の署名又は記名押印に当たっては、任期を定めて指名された委員の氏名を記入すること。同条第2項第1号の規定により、労働者の過半数で組織する労働組合がない場合においては労働者の過半数を代表する者の氏名を記入すること。

3 労働時間等の設定の改善に関する特別措置法第7条の規定により、労働時間等設定改善委員会が設置されている事業場において、本様式を労働時間等設定改善委員会の決議として届け出る場合においては、「協定」とあるのは「労働時間等設定改善委員会の決議」と、「協定の当事者である労働組合（事業場の労働者の過半数で組織する労働組合）の名称又は労働者の過半数を代表する者」とあるのは「委員会の委員の半数について任期を定めて指名した労働組合（事業場の労働者の過半数で組織する労働組合）の名称又は労働者の過半数を代表する者」と、「協定の当事者（労働者の過半数を代表する者）の選出方法」とあるのは「委員会の委員の半数について任期を定めて指名した者の選出方法」と読み替えるものとする。なお、委員の過半数の署名又は記名押印に当たっては、任期を定めて指名された委員の氏名を記入すること。同条第1号の規定により、労働者の過半数で組織する労働組合がない場合においては労働者の過半数を代表する者の氏名を記入すること。

Q16 特別条項を用いる労使協定のひな型はありますか。

1 　特別条項を用いる場合，次のような内容で労使協定を締結することが考えられます。【　】に記載しているのは，根拠となる労基法又は労基規則の条文です。作成例４条が，特別条項です。このほかの条文は，特別条項を用いない労使協定と同じ内容で作成すれば十分です。

≪36協定の作成例：特別条項を用いるもの≫

時間外・休日労働に関する協定書

　学校法人○○学園（以下，「学園」という。）と，○○高等学校の教職員の過半数を代表する者は，時間外勤務及び休日勤務について，次のとおり協定する。

第１条　この協定の適用範囲は，○○高等学校の全教職員とする。【法36条２項１号】

第２条　学園は，学校行事，入学試験，生徒指導，予算・決算業務その他業務上の必要がある場合，○○学園就業規則第○○条に基づき，教職員に対し，時間外勤務又は休日勤務を命じることがある。【法36条２項３号】

第３条　時間外勤務の時間数は，１日につき６時間，１か月につき45時間，令和２年４月１日を起算日とする１年につき360時間を超えないものとする。【法36条２項４号，規則17条１項２号】
２　休日勤務の日数は，１か月につき２日とする。【法36条２項４号】

第４条　前条の定めにかかわらず，次の各号のいずれかに該当するときは，労使の協議を経て，時間外勤務及び休日勤務の合計時間数を，１か月につき80

時間とすることができる。ただし，1年間の時間外勤務の時間数は，720時間を超えてはならない。【法36条5項，規則17条1項4号，7号】

① 生徒又は教職員が死傷し又はそのおそれがある事案への対応が必要なとき

② 行政官庁からの指導又は行政処分等への対応が必要なとき

③ 予算，決算，事業計画，事業報告等の業務が集中したとき

2 前項を適用することができる月数は，1年間のうち6か月とする。

3 第1項を適用する場合，午後10時から午前5時の間の勤務は，1か月につき4回以内としなければならない。【規則17条1項5号，厚生労働省告示第323号8条】

4 学園は，前項の措置の実施状況に関する記録を，本協定の有効期間満了後3年間保存しなければならない。【規則17条2項】

5 1か月につき60時間以内の時間外勤務に対する割増率は25％，60時間を超える時間外勤務に対する割増率は50％とする。【規則17条1項6号】

第5条 時間外勤務及び休日勤務を合算した時間数は，1か月につき100時間未満，かつ，2か月から6か月までを平均して80時間以内とする。【規則17条1項3号】

第6条 本協定の有効期間及び対象期間は，令和2年4月1日から令和3年3月31日までとする。【法36条2項2号，規則17条1項1号】

令和2年○○月○○日

　　　　　　　　学校法人○○学園　　理事長　　× × × ×　　印
　　　　　　　　○○高等学校　　　　教職員代表　× × × ×　　印

2 特別条項を用いる際の留意点は，次のとおりです。

① 特別条項を用いることができるのは，「当該事業場における通常予見することのできない業務量の大幅な増加等」に伴って，限度時間を超えて労働させる必要がある場合に限られます。「業務の都合上やむを得ないとき」という抽象的な記載を見かけることがありますが，これでは不十分

です。作成例 4 条 1 項各号のように，具体的な事由を記載する必要があります。

② 　特別条項においては，1 か月のみ又は 1 年についてのみ，限度時間を超える延長時間を定めることも可能です。1 年についてのみ限度時間を超える延長時間を定める場合は，1 か月あたりの限度時間を超え得る回数を「0 回」として協定することとなります[26]。

③ 　作成例 4 条 1 項柱書では，時間外・休日労働の上限を，1 月80時間以内，1 年720時間以内と定めています。1 月100時間未満の上限を用いていないのは，6 か月前まで遡って時間外労働の時間数を確認する繁雑さを避ける目的です。

④ 　厚生労働省の資料では，月80時間超の残業がある事業場は労基署の重点監督対象とされています[27]。特別条項を定める際は，この点にも注意すると良いでしょう。

⑤ 　作成例 4 条 2 項では，特別条項を適用することができる回数を，労基法36条 5 項の上限と同様に，年 6 回としています。

⑥ 　特別条項を用いる場合，限度時間を超えて労働させる労働者に対する健康及び福祉を確保するための措置を定めた上で，その措置の実施状況に関する記録を作成し，労使協定の有効期間満了後 3 年間保存しなければなりません。

　　具体的な内容は，末尾のとおり，厚生労働省の告示[28]で例示されています。作成例 4 条 3 項では，深夜勤務の回数制限を定めています。

⑦ 　特別条項を用いる場合，限度時間を超えた労働に係る割増賃金の率を定めなければならないとされています。ほとんどの学校法人では，作成例 4 条 5 項と同様に，法令どおりの割増率として，月60時間以内は25％，月60時間超は50％と定めています。

(26)　厚生労働省Ｑ＆Ａ（平成31年 4 月）A2-28。

(27)　平成28年 3 月16日規制改革会議厚生労働省提出資料参照。

(28)　平成30年 9 月 7 日付厚生労働省告示323号。

3 特別条項付きの36協定を締結した後は，様式第９号の２で，労働基準監督署へ届け出る必要があります。

○労働基準法第36条第１項の協定で定める労働時間の延長及び休日の労働について留意すべき事項等に関する指針

（健康福祉確保措置）

第８条 労使当事者は，限度時間を超えて労働させる労働者に対する健康及び福祉を確保するための措置について，次に掲げるもののうちから協定することが望ましいことに留意しなければならない。

一 労働時間が一定時間を超えた労働者に医師による面接指導を実施すること。

二 法第37条第４項に規定する時刻〔午後10時～午前５時〕の間において労働させる回数を１箇月について一定回数以内とすること。

三 終業から始業までに一定時間以上の継続した休息時間を確保すること。

四 労働者の勤務状況及びその健康状態に応じて，代償休日又は特別な休暇を付与すること。

五 労働者の勤務状況及びその健康状態に応じて，健康診断を実施すること。

六 年次有給休暇についてまとまった日数連続して取得することを含めてその取得を促進すること。

七 心とからだの健康問題についての相談窓口を設置すること。

八 労働者の勤務状況及びその健康状態に配慮し，必要な場合には適切な部署に配置転換をすること。

九 必要に応じて，産業医等による助言・指導を受け，又は労働者に産業医等による保健指導を受けさせること。

【様式第９号の２】の１頁目

様式第９号の２（第16条第１項関係）

時間外労働\
休日労働\
に関する協定届

労働保険番号

法人番号

事業の名称

事業の所在地（電話番号）

（〒　　－　　　）

（電話番号：　　　－　　　－　　　）

協定の有効期間

事業の種類	業務の種類	労働者数（満18歳以上の者）	所定労働時間（１日）（任意）	延長することができる時間数			
					１日	１箇月（①については45時間まで、②については42時間まで）	１年（①については360時間まで、②については320時間まで）起算日（年月日）
						法定労働時間を超える時間数	所定労働時間を超える時間数（任意）	法定労働時間を超える時間数	所定労働時間を超える時間数（任意）	法定労働時間を超える時間数	所定労働時間を超える時間数（任意）

時間外労働\
① 下記②に該当しない労働者\
時間外労働をさせる必要のある具体的事由

② １年単位の変形労働時間制により労働する労働者

休日労働をさせる必要のある具体的事由

業務の種類	労働者数（満18歳以上の者）	所定休日（任意）	労働させることができる法定休日の日数	労働させることができる法定休日における始業及び終業の時刻

上記で定める時間数にかかわらず、時間外労働及び休日労働を合算した時間数は、１箇月について100時間未満でなければならず、かつ２箇月から６箇月までを平均して80時間を超過しないこと。
（チェックボックスに要チェック）

【様式第９号の２】の２頁目

様式第９号の２（第16条第１項関係）（裏面）

（記載心得）

1 「業務の種類」の欄には、時間外労働又は休日労働をさせる必要のある業務を具体的に記入し、労働基準法第36条第６項第１号の健康上特に有害な業務について協定をした場合には、当該業務を他の業務と区別して記入すること。なお、業務の種類を細分化することにより当該業務の範囲を明確にしなければならない場合には、業務の区分を細分化することに留意すること。

2 「労働者数（満18歳以上の者）」の欄には、時間外労働又は休日労働をさせることができる労働者の数を記入すること。

3 「延長することができる時間数」の欄の記入に当たっては、次のとおりとすること。時間数は労働基準法第32条から第32条の５まで又は第40条の規定により労働させることができる最長の労働時間（以下「法定労働時間」という。）を超える時間数を記入すること。なお、本欄に記入する時間数にかかわらず、時間外労働及び休日労働を合算した時間数が１箇月について100時間以上となった場合、及び２箇月から６箇月までを平均して80時間を超えた場合には労働基準法違反（同法第119条）となることに留意すること。

 (1) 「１日」の欄には、法定労働時間を超えて延長することができる時間数であって、１日についての延長することができる限度となる時間数を記入すること。なお、所定労働時間を超える時間数についても協定する場合においては、所定労働時間を超えて延長することができる時間数を併せて記入することができる。

 (2) 「１箇月」の欄には、法定労働時間を超えて延長することができる時間数であって、「１年」の欄に記入する「起算日」において定める日から１箇月ごとについての延長することができる限度となる時間数を45時間（対象期間が３箇月を超える１年単位の変形労働時間制により労働する者については、42時間）の範囲内で記入すること。なお、所定労働時間を超える時間数についても協定する場合においては、所定労働時間を超えて延長することができる時間数を併せて記入することができる。

 (3) 「１年」の欄には、法定労働時間を超えて延長することができる時間数であって、「起算日」において定める日から１年についての延長することができる限度となる時間数を360時間（対象期間が３箇月を超える１年単位の変形労働時間制により労働する者については、320時間）の範囲内で記入すること。なお、所定労働時間を超える時間数についても協定する場合においては、所定労働時間を超えて延長することができる時間数を併せて記入することができる。

4 ②の欄は、労働基準法第32条の４の規定により労働時間により労働する労働者（対象期間が３箇月を超えるものに限る。）について記入すること。なお、延長することができる時間数の上限は①の欄の労働者よりも短い（１箇月42時間、１年320時間）ことに留意すること。

5 「労働させることができる法定休日の日数」の欄には、労働基準法第35条の規定による休日（１週１休又は４週４休であること。）に労働させることができる日数を記入すること。

6 「労働させることができる法定休日における始業及び終業の時刻」の欄には、労働基準法第35条の規定による休日であって労働させることができる日の始業及び終業の時刻を記入すること。

7 チェックボックスは労働基準法第36条第６項第２号及び第３号の要件を遵守する趣旨のものであり、「２箇月から６箇月まで」とは、起算日をまたぐケースも含め、連続した２箇月から６箇月までの期間を指すことに留意すること。また、チェックボックスにチェックがない場合には有効な協定とはならないことに留意すること。

8 協定については、労働者の過半数で組織する労働組合がある場合はその労働組合と、労働者の過半数で組織する労働組合がない場合は労働者の過半数を代表する者と協定すること。なお、労働者の過半数を代表する者は、労働基準法施行規則第６条の２第１項の規定により、労働基準法第41条第２号に規定する監督又は管理の地位にある者でなく、かつ同条に規定する協定等をする者を選出することを明らかにして実施される投票、挙手等の方法による手続により選出された者であって、使用者の意向に基づき選出されたものでないこと。これらの要件を満たさない場合には、有効な協定とはならないことに留意すること。

9 本様式で記入部分が足りない場合は同一様式を使用すること。この場合、必要のある事項のみを記入することで差し支えない。

（備考）

労働基準法施行規則第24条の２第４項の規定により、労働基準法第38条の２第２項の協定（事業場外で労働する場合の労働時間の算定に関する協定）の内容を本様式に付記して届け出る場合においては、事業場外労働の対象業務については他の業務とは区別し、事業場外労働の対象業務である旨を括弧書きした上で、「所定労働時間」の欄には当該業務の遂行に通常必要とされる時間を括弧書きすること。また、「協定の有効期間」の欄には事業場外労働に関する協定の有効期間を括弧書きすること。

【様式第９号の２】の３頁目

様式第９号の２（第16条第１項関係）

時間外労働
休日労働に関する協定届（特別条項）

臨時的に限度時間を超えて労働させることができる場合	業務の種類	労働者数（満18歳以上の者）	1日（任意）		1箇月（時間外労働及び休日労働を合算した時間数。100時間未満に限る。）				1年（時間外労働のみの時間数。720時間以内に限る。） 起算日（年月日）			
			延長することができる時間数 法定労働時間を超える時間数	所定労働時間を超える時間数（任意）	延長することができる時間数及び休日労働の時間数 法定労働時間を超える時間数と休日労働の時間数を合算した時間数	所定労働時間を超える時間数と休日労働の時間数を合算した時間数（任意）	限度時間を超えて労働させることができる回数（6回以内に限る。）	限度時間を超えた労働に係る割増賃金率	延長することができる時間数 法定労働時間を超える時間数	所定労働時間を超える時間数（任意）	限度時間を超えた労働に係る割増賃金率

限度時間を超えて労働させる場合における手続

限度時間を超えて労働させる労働者に対する健康及び福祉を確保するための措置

（該当する番号）	（具体的内容）

上記で定める時間数にかかわらず、時間外労働及び休日労働を合算した時間数は、1箇月について100時間未満でなければならず、かつ2箇月から6箇月までを平均して80時間を超過しないこと。☐（チェックボックスに要チェック）

協定の成立年月日　　　　　年　　　月　　　日

協定の当事者である労働組合（事業場の労働者の過半数で組織する労働組合）の名称又は労働者の過半数を代表する者の　職名　　氏名

協定の当事者（労働者の過半数を代表する者の場合）の選出方法（　　　　　　）

　　　　　　年　　　月　　　日

使用者　職名　　氏名 ㊞

労働基準監督署長殿

【様式第９号の２】の４頁目

様式第９号の２（第16条第1項関係）（裏面）
（記載心得）

1 労働基準法第36条第1項の協定において同条第5項に規定する事項に関する定めを締結した場合における本様式の記入に当たっては、次のとおりとすること。

(1) 「業務の種類」の欄には、時間外労働又は休日労働をさせる必要のある業務を具体的に記入し、労働基準法第36条第6項第1号の健康上特に有害な業務について協定をした場合には、当該業務を他の業務と区別して記入すること。なお、業務の種類を細分化することにより当該必要のある業務の範囲を細かく区分することその他の必要な事項を明らかにした場合には当該区分に係る事項を記入することに留意すること。

(2) 「労働者数（満18歳以上の者）」の欄には、時間外労働又は休日労働をさせることができる労働者の数を記入すること。

(3) 「起算日」の欄には、本様式における「時間外労働・休日労働に関する協定」の起算日と同じ年月日を記入すること。

(4) 「延長することができる時間数及び休日労働の時間数」の欄には、労働基準法第32条から第32条の5まで又は第40条の規定により労働させることができる最長の労働時間（以下「法定労働時間」という。）を超えて延長することができる時間数又は労働させることができる休日における労働時間数を記入すること。

(5) 「延長することができる時間数」の欄の記入に当たっては、「起算日」において記入した年月日を起算日として、「1日」、「1箇月」及び「1年」のそれぞれの欄に記入すること。なお、これらの欄に記入する時間数にかかわらず、時間外労働及び休日労働を合算した時間数が1箇月について100時間以上となった場合、及び2箇月から6箇月までを平均して80時間を超えた場合には、労働基準法違反（同法第119条の規定により6箇月以下の懲役又は30万円以下の罰金）となることに留意すること。

(6) 「限度時間を超えて労働させることができる回数」の欄には、限度時間（1箇月45時間（対象期間が3箇月を超える1年単位の変形労働時間制により労働させる場合は、42時間））を超えて労働させることができる回数を6回の範囲内で記入すること。

(7) 「限度時間を超えた労働に係る割増賃金率」の欄には、限度時間を超える時間外労働に係る割増賃金の率を記入すること。なお、当該割増賃金の率は、法定割増賃金率を超える率とするよう努めること。

(8) 「限度時間を超えて労働させる場合における手続」の欄には、協定の締結当事者間の手続として、「協議」、「通告」等具体的な内容を記入すること。

(9) 「限度時間を超えて労働させる労働者に対する健康及び福祉を確保するための措置」の欄には、以下の番号を「（該当する番号）」に選択して記入し、もоко「その他」の場合は、その具体的な内容を記入すること。
① 労働時間が一定時間を超えた労働者に医師による面接指導を実施すること。
② 労働基準法第37条第4項に規定する時刻の間において労働させる回数を1箇月について一定回数以内とすること。

③ 終業から始業までに一定時間以上の継続した休息時間を確保すること。
④ 労働者の勤務状況及びその健康状態に応じて、代償休日又は特別な休暇を付与すること。
⑤ 労働者の勤務状況及びその健康状態に応じて、健康診断を実施すること。
⑥ 年次有給休暇についてまとまった日数連続して取得することを含めてその取得を促進すること。
⑦ 心とからだの健康問題についての相談窓口を設置すること。
⑧ 労働者の勤務状況及びその健康状態に配慮し、必要な場合には適切な部署に配置転換をすること。
⑨ 必要に応じて、産業医等による助言・指導を受け、又は労働者に産業医等による保健指導を受けさせること。
⑩ その他

2 チェックボックスは労働基準法第36条第6項第2号及び第3号の要件を遵守する趣旨のものであり、2(2)(3)(4)チェックボックスにチェックがない場合には有効な協定とはならないことに留意すること。

2 労働基準法第41条第2号に規定する監督又は管理の地位にある者でなく、かつ、当該事業場における全ての労働者の過半数で組織する労働組合がある場合はその労働組合、労働者の過半数で組織する労働組合がない場合は労働者の過半数を代表する者と協定すること。なお、これらの協定をする者を選出することを明らかにして実施される投票、挙手等の方法による手続により選出された者であって、使用者の意向に基づき選出されたものでないこと。

3 本様式で記入部分が足りない場合は同一様式を使用すること。この場合、必要な事項を記入すること。

〔備考〕

1 労働者の過半数で組織する労働組合が当該事業場にない場合において、労働者の過半数を代表する者の選出方法として適切なものは、協定の締結当事者（労働者の過半数を代表する者）となる労働者について、労働基準法第41条第2号に規定する監督又は管理の地位にある者でないこと、かつ、同法第36条第1項の規定により協定をする者を選出することを明らかにして実施される投票、挙手等の方法による手続により選出された者であって、使用者の意向に基づき選出されたものでないこと。これらのいずれにも該当しない場合には、当該協定は無効となること。

2 労働時間等設定改善委員会の決議をもって労働基準法第36条第1項の協定に代える場合においては、本欄に委員会の委員の半数について任期を定めて指名している労働組合（労働者の過半数で組織する労働組合がある場合においてはその労働組合、労働者の過半数で組織する労働組合がない場合においては労働者の過半数を代表する者）の名称又は労働者の過半数を代表する者の氏名を記入することに留意すること。

3 本様式第9号の2と同じ。

36協定を締結する過半数代表者は，どのようにして選出すればよいのですか。

1　36協定等の労使協定は，過半数組合又は過半数代表者との間で締結する必要があります（労基法36条1項）。労使協定以外にも，就業規則の作成・変更の際の意見聴取（労基法90条1項）など，過半数組合又は過半数代表者はさまざまな場面で登場します。

2　まず，個々の事業場に，教職員の過半数で組織する労働組合があれば，その労働組合との間で労使協定を締結することとなります。過半数組合がある場合には，過半数代表者を選出する必要はありません。

　もっとも，過半数の母体となる教職員は，専任，常勤，非常勤等の職種を問わず，その事業場に勤務する全教職員です。実際には，過半数組合が存在する学校は，ほとんどないと思われます。

3　過半数組合がない場合，その事業場の教職員の過半数を代表する者との間で，労使協定を締結することとなります。

　複数の学校を設置している学校法人のように，事業場が複数に分かれている場合，事業場ごとに過半数代表者を選出する必要があります。1人の教職員が複数の事業場の過半数代表者を兼ねることはできません。

　過半数代表者は，労使協定の締結等を行う者を選出することを明らかにした上で，投票，挙手等の方法で選出してもらうこととなります（労基規則6条の2第1項2号）。投票・挙手のほか，教職員の話し合い，持ち回り決議等によることもできます[29]。

---

[29]　平成11年3月31日付基発169号。

4 　労基法41条2号の管理監督者に該当する者は，過半数代表者になることはできませんが（労基規則6条の2第1項1号），過半数の分母には算入します。比ゆ的に言えば，管理監督者には，選挙権はあるが被選挙権はないということです[30]。

　なお，管理監督者しかいない事業場では，管理監督者が過半数代表者になることができます[31]。もっとも，管理監督者には労働時間に関する規定が適用されないので，その事業場で過半数代表者の選出が必要になるのは，就業規則の作成・変更に関する意見聴取と，一部の労使協定に限られます（労基規則6条の2第2項）。

5 　過半数代表者を選出する際には，選挙等のために一定の事務的な負担が発生します。学校法人が，過半数代表者に立候補する教職員から委託を受けて，選挙の告示文書の配布・送信，投票箱の設置，投票数の集計などの事務作業を行うことは，差し支えありません。この場合，過半数代表者が学校法人の意向で選出されたものでないことを明確にするために，選挙の告示文等に，立候補者からの委託によって選挙の事務処理を行うことを記載しておくとよいでしょう。

6 　過半数代表者であることや，過半数代表者になろうとしたこと，過半数代表者として正当な行為をしたことを理由として，不利益な取扱いをすることは禁止されています（労基規則6条の2第3項）。

　例えば，過半数代表者が36協定の締結を拒んだことを理由として，解雇，賃金の減額，降格等を行うことが，不利益取扱いに当たります[32]。

---

(30) 昭和46年1月18日付収6206号，昭和63年3月14日付基発150号。
(31) 労基規則6条の2第2項，平成11年1月29日付基発45号。
(32) 平成11年1月29日付基発45号。

7 　36協定は，過半数組合又は過半数代表者と締結したものでないと，無
　　効となってしまいます。裁判例では，役員を含む全従業員で構成される
親睦団体の代表が労働者代表として締結した36協定は，過半数組合又は過半数
代表者と締結したものではなく，無効と判断したものがあります[33]。

8 　働き方改革法は，過半数代表者の取扱いに関する改正も含んでいます。
　　詳細は，Q76で解説します。

○労基規則

第6条の2　法第18条第2項，法第24条第1項ただし書，法第32条の2第1項，
　法第32条の3第1項，法第32条の4第1項及び第2項，法第32条の5第1項，
　法第34条第2項ただし書，法第36条第1項，第8項及び第9項，法第37条第3項，
　法第38条の2第2項，法第38条の3第1項，法第38条の4第2項第1号（法第
　41条の2第3項において準用する場合を含む。），法第39条第4項，第6項及び
　第9項ただし書並びに法第90条第1項に規定する労働者の過半数を代表する者
　（以下この条において「過半数代表者」という。）は，次の各号のいずれにも該
　当する者とする。
　一　法第41条第2号に規定する監督又は管理の地位にある者でないこと。
　二　法に規定する協定等をする者を選出することを明らかにして実施される投
　　票，挙手等の方法による手続により選出された者であつて，使用者の意向に
　　基づき選出されたものでないこと。
2　前項第1号に該当する者がいない事業場にあつては，法第18条第2項，法第
　24条第1項ただし書，法第39条第4項，第6項及び第9項ただし書並びに法第
　90条第1項に規定する労働者の過半数を代表する者は，前項第2号に該当する
　者とする。
3　使用者は，労働者が過半数代表者であること若しくは過半数代表者になろう
　としたこと又は過半数代表者として正当な行為をしたことを理由として不利益
　な取扱いをしないようにしなければならない。
4　使用者は，過半数代表者が法に規定する協定等に関する事務を円滑に遂行す
　ることができるよう必要な配慮を行わなければならない。

(33)　東京高裁平成9年11月17日判決・労働判例729号44頁（トーコロ事件）。上告審の最高裁
　平成13年6月22日判決・労働判例808号11頁でも，高裁の判断が維持されています。

Q18 附属病院の医師としても勤務する大学教員の取扱いは，どうなるのですか。

1 法令や通達では，医学部等を有する大学において，大学教員が附属病院の医師としても勤務している場合の取扱いは，明確には記載されていません。

2 労基法附則141条４項は，「医業に従事する医師」については，令和６年３月31日までの間，改正労基法36条３項〜５項と，同条６項２号〜３号は適用除外としています。また，労基法附則141条１項〜３項は，令和６年４月１日以降も，同法36条５項と６項２号〜３号は適用除外とし，厚生労働省令で定める規制を適用することとしています。

つまり，働き方改革法で導入された時間外・休日労働の上限規制は，「医業に従事する医師」には適用されないこととなります。注意点として，時間外・休日労働自体が規制されないのではなく，法定労働時間を超える労働には36協定が必要なことなど，適用除外とされる条文以外の規制は適用されます。

3 問題となるのは，大学教員のように時間外・休日労働の上限規制が適用される職種の者が，附属病院において「医業に従事する医師」としても勤務している場合に，どちらのルールが適用されるのかわからない点です。

通達によると，「医業に従事する医師」とは，労働者として使用され，医行為を行う医師をいうとされています[34]。本書の執筆時点では，この通達以外に，手がかりになる情報は公表されていません[35]。

私見ですが，職務として医業に従事しているのであれば，大学教員を兼ねて

---

[34] 平成30年12月28日付基発1228第15号。
[35] 筆者が行政の相談窓口に電話で確認したところ，この論点について，本文で示した通達以外に公表した文書はなく，明確な回答を出すことはできないとのことでした。

いても，「医業に従事する医師」に当たり，労基法附則141条を適用すべきと考
えられます。同条の趣旨は，新しい上限規制を医師に適用することで診療等に
支障が出る事態を避けることにありますが，この趣旨は，多くの大学教員が医
師として勤務する大学病院にも当てはまるためです。

4　　なお，医師の労働時間については，厚生労働省医政局が「医師の働き
方改革に関する検討会」で議論を行っており，平成31年 3 月28日付で報
告書が公表されました。その後，「医師の働き方改革の推進に関する検討会」
で検討が続けられています。

○労基法附則

第141条　医業に従事する医師…〔中略〕…に関する第36条の規定の適用について
　は，当分の間，同条第 2 項第 4 号中「における 1 日， 1 箇月及び 1 年のそれぞ
　れの期間について」とあるのは「における」とし，同条第 3 項中「限度時間」
　とあるのは「限度時間並びに労働者の健康及び福祉を勘案して厚生労働省令で
　定める時間」とし，同条第 5 項及び第 6 項（第 2 号及び第 3 号に係る部分に限
　る。）の規定は適用しない。
②　前項の場合において，第36条第 1 項の協定に，同条第 2 項各号に掲げるもの
　のほか，当該事業場における通常予見することのできない業務量の大幅な増加
　等に伴い臨時的に前項の規定により読み替えて適用する同条第 3 項の厚生労働
　省令で定める時間を超えて労働させる必要がある場合において，同条第 2 項第
　4 号に関して協定した時間を超えて労働させることができる時間（…〔中略〕
　…厚生労働省令で定める時間を超えない範囲内に限る。）その他厚生労働省令で
　定める事項を定めることができる。
③　使用者は，第 1 項の場合において，第36条第 1 項の協定で定めるところによ
　つて労働時間を延長して労働させ，又は休日において労働させる場合であつて
　も，…〔中略〕…厚生労働省令で定める時間を超えて労働させてはならない。
④　前 3 項の規定にかかわらず，医業に従事する医師については，平成36年 3 月
　31日（同日及びその翌日を含む期間を定めている第36条第 1 項の協定に関して
　は，当該協定に定める期間の初日から起算して 1 年を経過する日）までの間，
　同条第 2 項第 4 号中「 1 箇月及び」とあるのは，「 1 日を超え 3 箇月以内の範囲
　で前項の協定をする使用者及び労働組合若しくは労働者の過半数を代表する者
　が定める期間並びに」とし，同条第 3 項から第 5 項まで及び第 6 項（第 2 号及

び第3号に係る部分に限る。）の規定は適用しない。
⑤　第3項の規定に違反した者は，6箇月以下の懲役又は30万円以下の罰金に処する。

Q19 裁量労働制を適用される者にも，時間外・休日労働の上限規制が適用されるのですか。

1 　裁量労働制が適用される場合も，労働時間の上限規制は適用されます。ただし，裁量労働制が適切に運用されていれば，上限規制に触れることはないと考えられます。

2 　裁量労働制には，専門性を有する一定の職種を対象とする専門業務型裁量労働制（労基法38条の３）と，事業の運営に関する事項についての企画，立案，調査及び分析の業務を対象とする企画業務型裁量労働制（労基法38条の４）があります。

　ほとんどの国公立大学では，教員に専門業務型裁量労働制を適用しており，私立大学でも専門業務型裁量労働制の導入事例が増えつつあります。

3 　裁量労働制は，実際の労働時間数とは関係なく，労使協定で定めた時間数の労働をしたとみなす制度です。

　例えば，労使協定で，１日の労働時間を８時間とみなす旨を定めたのであれば，実際に労働した時間が５時間であっても10時間であっても，８時間労働として取り扱うこととなります。つまり，実労働時間が５時間であっても３時間分の欠勤扱いはせず，実労働時間が10時間であっても２時間分の時間外労働扱いにはしないということです。

4 　裁量労働制は，労働時間の規制を適用除外とする制度ではありません。したがって，みなし労働時間が１日８時間・１週40時間の法定労働時間を超える場合には，時間外労働となります。

　例えば，労使協定で，１日９時間労働とみなす旨を定めると，１日１時間ずつ時間外労働をしたものと取り扱うこととなります。あるいは，１日８時間労

働とみなす旨を定めていた場合でも，月曜日から土曜日まで6日間出勤すると，その週の労働時間は48時間とみなされるので，8時間の時間外労働が生じることとなります。

みなし労働時間が法定労働時間を超える場合には，36協定の締結が必要となります。時間外労働の上限規制も適用されますし，割増賃金の支払いも必要です。

5 裁量労働制を適用する場合でも，休憩時間（労基法34条），法定休日（労基法35条），深夜労働（労基法37条4項）の規制は及びます[36]。

1週1日の法定休日を確保できなかった場合には休日労働となりますし，午後10時〜午前5時の深夜に勤務をすると，深夜割増賃金が発生します（労基法37条4項）。

6 一部の学校法人で，裁量労働制を導入すれば，時間外労働の上限規制が適用されなくなるとか，割増賃金の支払いが不要になるといった誤解が見られます。裁量労働制は，労働時間規制の適用除外ではなく，一定の時間数の労働をしたとみなす制度であるため，不正確な理解に基づく運用は避けなければなりません。

裁量労働制を適用する場合，労使協定で定めるみなし労働時間数を法定労働時間の範囲で設定し，休日労働や深夜労働が生じないようにするなど，適切な運用をすることで，時間外労働の上限規制に違反しないようにすることができます。

---

[36] 昭和63年3月14日付基発150号等。

○労基法

第38条の3　使用者が，当該事業場に，労働者の過半数で組織する労働組合があるときはその労働組合，労働者の過半数で組織する労働組合がないときは労働者の過半数を代表する者との書面による協定により，次に掲げる事項を定めた場合において，労働者を第1号に掲げる業務に就かせたときは，当該労働者は，厚生労働省令で定めるところにより，第2号に掲げる時間労働したものとみなす。

一　業務の性質上その遂行の方法を大幅に当該業務に従事する労働者の裁量にゆだねる必要があるため，当該業務の遂行の手段及び時間配分の決定等に関し使用者が具体的な指示をすることが困難なものとして厚生労働省令で定める業務のうち，労働者に就かせることとする業務（以下この条において「対象業務」という。）

二　対象業務に従事する労働者の労働時間として算定される時間

三　対象業務の遂行の手段及び時間配分の決定等に関し，当該対象業務に従事する労働者に対し使用者が具体的な指示をしないこと。

四　対象業務に従事する労働者の労働時間の状況に応じた当該労働者の健康及び福祉を確保するための措置を当該協定で定めるところにより使用者が講ずること。

五　対象業務に従事する労働者からの苦情の処理に関する措置を当該協定で定めるところにより使用者が講ずること。

六　前各号に掲げるもののほか，厚生労働省令で定める事項

2　前条第3項の規定は，前項の協定について準用する。

○労基規則

第24条の2の2　法第38条の3第1項の規定は，法第4章の労働時間に関する規定の適用に係る労働時間の算定について適用する。

2　略

3　法第38条の3第1項第6号の厚生労働省令で定める事項は，次に掲げるものとする。

一　法第38条の3第1項に規定する協定（労働協約による場合を除き，労使委員会の決議及び労働時間等設定改善委員会の決議を含む。）の有効期間の定め

二　使用者は，次に掲げる事項に関する労働者ごとの記録を前号の有効期間中及び当該有効期間の満了後3年間保存すること。

イ　法第38条の3第1項第4号に規定する労働者の労働時間の状況並びに当該労働者の健康及び福祉を確保するための措置として講じた措置

　　ロ　法第38条の3第1項第5号に規定する労働者からの苦情の処理に関する
　　　措置として講じた措置
4　法第38条の3第2項において準用する法第38条の2第3項の規定による届出
　は，様式第13号により，所轄労働基準監督署長にしなければならない。

専門業務型裁量労働制を導入するための手続を教えてください。

1　専門業務型裁量労働制は，労使協定の締結と，就業規則の改正によって導入することができます。

2　まず，裁量労働制を適用しようとしている教職員が，専門業務型裁量労働制の対象業務に従事しているか否かを確認します。

対象業務は，労基規則24条の 2 の 2 第 2 項と，同項 6 号の委任を受けた厚生労働大臣の指定によって定められています。厚生労働大臣が指定する中に，「大学における教授研究の業務」があるため，一定の要件を満たした大学教員には，裁量労働制を適用することができます[37]。

ここでいう「教授研究の業務」とは，大学の教授，准教授，講師の業務を指し，「教授研究」とは，学生を教授し，その研究を指導し，研究に従事することをいいます[38]。

裁量労働制の対象となる教授研究の業務は，主として研究に従事するものに限ることとされています。研究以外の業務に従事する時間が， 1 週の所定労働時間又は法定労働時間のうち短い方を基準に，そのおおむね 5 割に満たないことを意味しますが[39]，国公私立大学の人事・労務の実務では，比較的緩やかに判断されています。

なお，助手及び助教については，教授研究の業務ではなく，「人文科学若しくは自然科学に関する研究の業務」（労基法施行規則24条の 2 の 2 第 2 項第 1 号）に当たり得るとされています[40]。

---

[37]　平成 9 年 2 月14日付労働省告示 7 号（最終改正平成15年10月22日付厚生労働省告示354号）。

[38]　平成19年 4 月 2 日付基監発0402001号，平成15年10月22日付基発1022004号等。

[39]　平成15年10月22日付基発1022004号等。

[40]　平成19年 4 月 2 日付基監発0402001号，平成15年10月22日付基発1022004号等。

○労基規則24条の2の2第2項

第24条の2の2
2　法第38条の3第1項第1号の厚生労働省令で定める業務は，次のとおりとする。
　一　新商品若しくは新技術の研究開発又は人文科学若しくは自然科学に関する
　　研究の業務
　二～五　略
　六　前各号のほか，厚生労働大臣の指定する業務

○労働基準法第24条の2の2第2項第6号の規定に基づき厚生労働大臣の指定する
　業務

一～六　略
七　学校教育法（昭和22年法律第26号）に規定する大学における教授研究の業務
　（主として研究に従事するものに限る。）
八～十四　略

3　　専門業務型裁量労働制を導入するためには，過半数組合又は過半数代表者と，労使協定を締結する必要があります。この労使協定には，次の事項を定めなければなりません。
　①　裁量労働制の対象とする業務
　②　対象業務に従事する教職員の労働時間として算定される時間
　③　対象業務の遂行の手段及び時間配分の決定等に関し，対象業務に従事する教職員に対し学校法人が具体的な指示をしないこと
　④　対象業務に従事する教職員の労働時間の状況に応じて，当該教職員の健康及び福祉を確保するための措置を講じること
　⑤　対象業務に従事する労働者からの苦情の処理に関する措置を講じること
　⑥　労使協定の有効期間
　⑦　教職員ごとに，次の記録を，有効期間満了後3年間保存すること
　　•裁量労働制の対象となる教職員の労働時間の状況と，健康及び福祉を確保するための措置として講じた措置

- 裁量労働制の対象となる教職員からの苦情の処理に関する措置として講じた措置

専門業務型裁量労働制に関する労使協定は，労働基準監督署へ届け出なければなりません（労基法38条の３第２項，労基規則24条の２の２第４項）。

4 　労使協定の作成例は，次のとおりです。【　】で引用しているのは，根拠となる法令の条文です。

≪専門業務型裁量労働制に関する労使協定の作成例≫

専門業務型裁量労働制に関する協定書

　学校法人○○学園（以下，「学園」という。）と，○○大学の教職員の過半数を代表する者は，労働基準法第38条の３に基づき，専門業務型裁量労働制について次のとおり協定する。

（適用対象者）　【法38条の３第１項１号】
第１条　本協定に定める裁量労働制は，次の教職員に適用する。ただし，学長又は学部長の職にある者及び非常勤の者を除く。
　(1)　教授研究の業務に従事する教授，准教授及び講師
　(2)　人文科学又は自然科学に関する研究の業務に従事する助手及び助教

（裁量労働）　【法38条の３第１項３号】
第２条　学園は，前条に定める教職員（以下「適用対象者」という。）に対し，業務遂行手段及び時間配分の決定等について具体的な指示をしないものとする。ただし，授業担当，入学試験等大学の業務に必要な場合には，具体的な指示をすることができる。

（勤務時間の取扱い）　【法38条の３第１項２号】

第3条　適用対象者が，所定労働日に勤務した場合，1日8時間の勤務をした
　　ものとみなす。

（休憩の取扱い）
第4条　適用対象者は，その裁量により休憩を取得することができる。

（休日の取扱い）
第5条　適用対象者の休日は，就業規則第○○条の定めるところによる。

（休日及び深夜の勤務）
第6条　休日及び深夜（午後10時から翌日午前5時までをいう。以下同じ。）の
　　勤務には，本協定を適用しない。
2　適用対象者は，休日又は深夜の勤務を必要とするときは，事前に学園の承
　　認を得なければならない。

（健康及び福祉を確保するための措置）　【法38条の3第1項4号】
第7条　学園は，適用対象者の健康及び福祉を確保するため，次の措置を行う。
　(1)　適用対象者の勤務状況の把握
　(2)　適用対象者の勤務状況及び健康状況に応じた健康診断の実施
　(3)　年次有給休暇の連続取得の勧奨

（苦情処理に関する措置）　【法38条の3第1項5号】
第8条　学園は，適用対象者からの苦情を適切に処理するため，○○部○○課
　　に相談窓口を設け，苦情を受け付けるものとする。

（記録の保存）　【規則24条の2の2第3項2号イロ】
第9条　学園は，前2条に基づき講じた措置に関する適用対象者ごとの記録を，
　　本協定の有効期間中及び有効期間満了後3年間，保存する。

（有効期間）　【規則24条の2の2第3項1号】
第10条　本協定の有効期間は，令和2年4月1日から1年間とする。

令和2年○○月○○日

学校法人○○学園	理事長	×	×	×	×	印
○○大学	教職員代表	×	×	×	×	印

上記の労使協定の留意事項は，次のとおりです。

- 第1条では，学内行政が主たる業務になる者（学長，学部長）と，研究業務に従事しない者（非常勤講師等）を，対象外としています。

- 第2条但書では，授業担当等の業務については，教員の裁量によるのではなく，学園側が指示した時間・場所で勤務することを定めています。教員の裁量を一部制限することとなりますが，このような指示も許容されると解されています[41]。

- 第3条では，1日ごとのみなし労働時間を定めています。1週ごとや1か月ごとのみなし労働時間を定めることはできません[42]。

- 第6条では，所定休日や深夜の勤務には裁量労働制を適用せず，実労働時間に従うことを定めています。例えば，月曜日～金曜日に出勤し，さらに土曜日に5時間労働すると，この週の労働時間は8時間×5日＋5時間＝45時間となるため，5時間の時間外労働が発生することとなります。

- 第10条では，協定の有効期間を1年間としています。労使協定の有効期間は3年以内が望ましいとされていますが[43]，1年間で協定する学校法人が多いようです。

5 　労働時間に関する事項は就業規則の絶対的必要記載事項であるため（労基法89条1号），労使協定の締結に合わせて，就業規則の改正を行う必要があります。

詳細を労使協定に委任する場合の就業規則の条文の作成例は，次のとおりで

---

[41]　西谷敏＝野田進＝和田肇編『新基本法コンメンタール労働基準法・労働契約法』154頁〔藤内和公〕（日本評論社，平成24年）。

[42]　昭和63年3月14日付基発150号。

[43]　平成15年10月22日付基発1022001号。

す。

≪就業規則の条文の作成例≫

> （裁量労働制）
> 第○○条　労働基準法第38条の3の規定による労使協定が締結されている場合
> 　　には，教員の勤務時間の算定は，労使協定の定めるところによる。

6　　なお，時間単位の年次有給休暇取得に関する労使協定（労基法39条4項）を締結している場合，裁量労働制の適用対象者を，時間単位年休の対象外としておく必要があります。

　裁量労働制は，実際に労働した時間を問わず，一定の時間（例えば1日8時間）の労働をしたとみなす制度なので，裁量労働制の適用対象者に時間単位年休を適用すると，1時間の年休を取得したのに8時間勤務の扱いになってしまい，勤務時間は短くならないのに年休の残日数が減っていく，という不合理を生じます。つまり，裁量労働制の適用対象者の年休は，1日単位でしか処理できないため，時間単位年休の適用対象外とすることが適切です。

Q21　教職員の労働時間を短縮するには，どのような方法があります
か。

1　　人員配置の見直し，業務の削減，業務の効率化に分けることができます。

2　　多くの私立学校では，以前よりも業務が増えたという実感があるようです。公立学校が対象の資料ですが，平成28年度の教員勤務実態調査によると，中学校教諭の学内総勤務時間は1週間あたり63時間20分で，平成18年度調査と比較すると5時間14分の増加となっています[44]。私立学校の業務も，基本的には公立学校と変わらないため，同様の傾向であると推測できます。

労働時間の長時間化にはさまざまな原因がありますが，学生・生徒対応に加え，行政対応，保護者対応等，学校の業務が増えていることは確実でしょう。

3　　業務量が増えている状況で1人あたりの労働時間を短縮するには，まず，教職員の人数を増やすことが考えられます。専任教職員の増員が難しい場合でも，非常勤講師を増やすことで専任教員の担当授業数を減らすことは，検討の余地があります。

また，特定の教職員に業務が集中していることも珍しくありません。事務処理に必要な情報やノウハウが属人的に蓄積されると，少人数に業務が集中して時間外労働が発生するだけでなく，その教職員が退職すると事務処理が停滞するというリスクも抱えます。複数名で業務を処理させることで，このような事態を防ぐことが適切です。

---

[44]　平成30年9月27日の文部科学省報道発表資料による。

4 　一般に，私立学校では業務の削減が進んでいません。生徒募集や学習効果の観点から，新しく学校行事を作ったり，課外科目の新設を検討する学校は多いのですが，学校行事や課外科目を減らす学校はほとんどありません。"スクラップ・アンド・ビルド"ではなく，"ビルド・アンド・ビルド"を繰り返すと，労働時間が長くなるのは自明です。

　また，毎週のように数時間に及ぶ会議が行われている，同じ議案を複数の委員会で審議しているなど，非効率な意思決定も私立学校の特徴です。会議には時間制限を設ける，意思決定に参加しない教職員は出席不要とするなど，学内行政に割く時間を短縮する工夫が必要です。

5 　業務の効率化の観点では，いわゆるIT化を推進すべきです。私立学校では紙媒体の資料が非常に多く，手書きで作業をしている光景も頻繁に見られます。機械にできる作業は機械に任せて，より創造的な作業に時間を費やすべきでしょう。

　業務の外部委託も，有力な選択肢です。例えば，契約書の作成や就業規則等の諸規程の見直しのように，私立学校の教職員が苦手とする作業は，長時間労働の原因の1つです。外部の法律事務所等へ委託し，教職員は成果物の確認だけを行うこととすれば，大幅な負担軽減となります。

6 　もちろん，私立学校には，削減すべきでない業務もあります。学生・生徒と向き合う時間，大学教員の研究活動の時間，学生・生徒募集に用いる時間などは，手厚く確保するべきでしょう。このほか，毎月1回の衛生委員会など，法令で義務付けられている活動の時間も，なくすことはできません。

業務の削減を指示したら

　長時間労働の問題は，顧問弁護士によく寄せられる法律相談の1つです。会議に割く時間を削減するために，学内の会議や委員会に優先順位をつけて，順位の低いものは廃止・縮小するようにアドバイスをすることもあります。

　ところが，「委員会等の廃止を検討する委員会」が立ち上がり，さらに会議の時間が増えたということがありました。まさに"ビルド・アンド・ビルド"の典型です。このような思考を改めることが，労働時間短縮の第一歩です。

私立学校の教職員の労働時間管理には，どのような改善点があるのですか。

1 まず，労働時間管理が非常に緩やかであることが指摘できます。教職員の出退勤時刻を把握していないため，時間外労働の有無や量が把握できず，長時間労働が放置されていることも珍しくありません。

第3章で解説するとおり，働き方改革法によって労働時間の状況の把握義務が正面から定められました。労働時間の上限規制と合わせて，現在のような緩やかな労働時間管理を続けることは難しくなるでしょう。

2 私立学校の労働時間管理が緩やかなのは，公立学校の運用に倣ったものと推測されます。公立の義務教育諸学校等の教育職員の給与等に関する特別措置法（いわゆる給特法）3条では，教職調整額を支給する代わりに，教育職員には時間外勤務手当及び休日勤務手当は支給しないと定めています。

私立学校でも，同条に準じて，教職調整手当を支払う代わりに割増賃金の支払いを不要とし，これに伴って労働時間も把握しないという運用が広く見られます。

○公立の義務教育諸学校等の教育職員の給与等に関する特別措置法

（定義）
第2条　この法律において，「義務教育諸学校等」とは，学校教育法（昭和22年法律第26号）に規定する公立の小学校，中学校，義務教育学校，高等学校，中等教育学校，特別支援学校又は幼稚園をいう。
2　略
（教育職員の教職調整額の支給等）
第3条　教育職員（校長，副校長及び教頭を除く。以下この条において同じ。）には，その者の給料月額の100分の4に相当する額を基準として，条例で定めるところにより，教職調整額を支給しなければならない。

　2　教育職員については，時間外勤務手当及び休日勤務手当は，支給しない。
　3　略

3　　当然ながら，給特法は公務員に適用される法律なので，私立学校の教職員に適用されることはありません。また，教職調整手当は時間外・休日勤務手当の概算払いであることを給与規程等に明記していないと，想定を超える割増賃金の支払義務が生じるおそれがあります。

　具体的な事例で考えてみましょう。基本給30万円，教職調整手当1万2,000円，合計31万2,000円だとすると，学校法人側は，実労働時間にかかわらず，31万2,000円を支払えばよいと考えていることとなります。ところが，訴訟等では，次のようなシナリオが想定されます。

　①　シナリオA…実労働時間に基づいて割増賃金を計算した結果，1万2,000円を上回る場合には，その差額を支払うよう命じる。割増賃金は，基本給30万円を基礎に計算する。

　②　シナリオB…実労働時間に基づいて計算した割増賃金を支払うよう命じる。割増賃金は，基本給＋教職調整手当の合計31万2,000円を基礎に計算する。

　このような事態を回避するためには，教職員の労働時間の状況を把握して時間外・休日労働を抑制することが必要です。

　また，教職調整手当を時間外・休日・深夜労働に対する手当の概算払いに位置付ける場合，給与規程に次のような条文を置くことが考えられます。加えて，割増賃金とそれ以外の賃金が判別できるよう，給与明細等では，教職調整手当の金額を基本給等とは別項目で示す必要があります[45]。

≪教職調整手当に関する給与規程の条文の作成例≫

　第○○条　教員には，教職調整手当として，基本給の4％を支給する。

[45]　最高裁平成29年7月7日判決・労働判例1168号49頁（医療法人康心会事件）。

> 第○○条　前項の教職調整手当は，時間外労働手当，休日労働手当及び深夜労
> 働手当の概算払いとする。
> 2　実際の労働時間に基づいて計算した時間外労働手当，休日労働手当及び深
> 夜労働手当の金額が，教職調整手当の金額を上回るときは，その差額を支給
> する。
> 3　実際の労働時間に基づいて計算した時間外労働手当，休日労働手当及び深
> 夜労働手当の金額が，教職調整手当の金額を下回るときであっても，差額の
> 清算は行わない。

4　小・中・高等学校の教員は，授業以外にも，生徒指導，家庭訪問，授業準備，部活動指導，研究会，PTAの会合等，教育に関連するさまざまな活動をしています。教員が自主的に行っている活動が，全て学校法人の指揮命令によって行われているとはいえないので，必ずしも，これらの活動が労働時間に当たるわけではありません。もっとも，いずれの活動も疲労の蓄積につながりますし，教員のワークライフ・バランスを損なうことにもなります。

　学校法人には，どこまでが雇用契約で義務付けられた業務なのか明確にするとともに，所定労働時間内に業務を終えられるよう，業務の見直しや教職員への啓発を行うことが求められます。

　なお，上記のような教員の活動が労働時間か否かについて，古い通達では，明白な指示による場合や，正規の時間内に行えないような業務の指示があったなど黙示的な指示による場合に，法定労働時間を超えた勤務は時間外労働になるとしています[46]。裁判例では，部活動指導の時間が労働時間か否かについて，職務命令ではなく自主的活動としたもの[47]，朝練等を労働時間としつつ，出張扱いではない試合は業務行為ではないとしたもの[48]，安全配慮義務違反に基づ

---

[46]　昭和25年9月14日付基収2983号。

[47]　広島地裁平成17年6月30日判決・労働判例906号79頁（公立学校），最高裁平成23年7月12日判決・判例タイムズ1357号70頁（京都市立小中学校），佐賀地裁平成31年4月26日判決・労働経済判例速報2383号20頁（佐賀県立高校）。

[48]　東京高裁平成29年10月18日判決・労働判例1176号18頁（私立学校）。

く損害賠償請求の事案で，校長の指揮命令下にある時間としたものなどがあります[49]。

---

[49]　福井地裁令和元年7月10日判決・労働判例1216号21頁（公立学校）。

第3章

労働時間把握義務

Q23 改正前の法律では，労働時間を把握する義務が定められていたのですか。

1 働き方改革法による改正前の労基法その他の法令においては，明文で労働時間を把握する義務は定められていませんでした。

　もっとも，法定労働時間として1日8時間以内，週40時間以内という労働時間の上限が定められています（労基法32条）。また，時間外労働や休日労働，深夜労働を行わせた際には割増賃金を支払う必要があります（労基法37条）。さらに，賃金台帳に，労働日数，労働時間数，休日労働時間数，時間外労働時間数，深夜労働時間数などを記録する義務もあります。賃金台帳は，3年間の保存義務があり，違反すると罰金30万円以下の刑罰が定められています（労基法108条，109条，120条1号，労基規則54条）。

　学校法人は，法定労働時間の遵守，割増賃金の計算及び支払い，賃金台帳の作成等の義務の前提として，個々の教職員の労働時間を把握する義務があると考えられていました。

　これらの労働時間把握の前提となる使用者の義務について，働き方改革法による変更はありません。

2 働き方改革法の施行前は，学校法人が労働時間を把握する具体的な方法は法令に定められておらず，いわゆる46通達[1] や，「労働時間の適正な把握のために使用者が講ずべき措置に関するガイドライン」[2] が公表されており，労働基準監督署の指導等は通達及びガイドラインに従って行われていました。詳細は，Q24で解説します。

3 労働時間に関連する規制として，安衛法66条の8及び安衛規則52条の2〜52条の3が，医師による面接指導の実施義務を定めています。長時間労働等によって教職員の健康が害されるおそれがあることから，1週間あたり40時間を超える労働時間が100時間超となり，疲労の蓄積が認められる者が申し出た際には，使用者は，医師による面接指導を実施しなければならないとされていました。

　Q25でも触れますが，働き方改革法による改正後は，医師による面接指導の対象となる労働時間数が，「100時間」から「80時間」に短縮されました（安衛規則52条の2第1項）。

○安衛法

（面接指導等）
第66条の8　事業者は，その労働時間の状況その他の事項が労働者の健康の保持を考慮して厚生労働省令で定める要件に該当する労働者（次条第1項に規定する者及び第66条の8の4第1項に規定する者を除く。以下この条において同じ。）に対し，厚生労働省令で定めるところにより，医師による面接指導（問診その他の方法により心身の状況を把握し，これに応じて面接により必要な指導を行うことをいう。以下同じ。）を行わなければならない。
2〜5　略

[1]　平成13年4月6日付基発339号。
[2]　平成29年1月20日策定。

○**安衛規則**

（面接指導の対象となる労働者の要件等）

第52条の2　法第66条の8第1項の厚生労働省令で定める要件は，休憩時間を除き1週間当たり40時間を超えて労働させた場合におけるその超えた時間が1月当たり80時間を超え，かつ，疲労の蓄積が認められる者であることとする。ただし，次項の期日前1月以内に法第66条の8第1項又は第66条の8の2第1項に規定する面接指導を受けた労働者その他これに類する労働者であつて法第66条の8第1項に規定する面接指導（以下この節において「法第66条の8の面接指導」という。）を受ける必要がないと医師が認めたものを除く。

2　前項の超えた時間の算定は，毎月1回以上，一定の期日を定めて行わなければならない。

3　事業者は，第1項の超えた時間の算定を行つたときは，速やかに，同項の超えた時間が1月当たり80時間を超えた労働者に対し，当該労働者に係る当該超えた時間に関する情報を通知しなければならない。

（面接指導の実施方法等）

第52条の3　法第66条の8の面接指導は，前条第1項の要件に該当する労働者の申出により行うものとする。

2　前項の申出は，前条第2項の期日後，遅滞なく，行うものとする。

3　事業者は，労働者から第1項の申出があつたときは，遅滞なく，法第66条の8の面接指導を行わなければならない。

4　産業医は，前条第1項の要件に該当する労働者に対して，第1項の申出を行うよう勧奨することができる。

法改正前は，どのような方法で労働時間を把握することに
なっていたのですか。

1　働き方改革法による法改正前は，いわゆる46通達[3] や，「労働時間の
適正な把握のために使用者が講ずべき措置に関するガイドライン」[4] が，
労働時間を把握する方法を定めていました。

　このうち，「労働時間の適正な把握のために使用者が講ずべき措置に関する
ガイドライン」は，労基法41条に定める者及びみなし労働時間制が適用される
労働者（事業場外労働を行う者にあっては，みなし労働時間制が適用される時
間に限る）を除く全ての者の労働時間を把握すべきことや，労働時間の定義[5]，
労働時間を把握する具体的な方法等を定めていました。

2　上記ガイドラインでは，労働時間を把握する方法は，原則として，次
のいずれかによることとされていました。
① 　使用者が，自ら現認することにより確認し，適正に記録すること
② 　タイムカード，ICカード，パソコンの使用時間の記録等の客観的な記
　　録を基礎として確認し，適正に記録すること

　労働時間の把握方法について，教職員の自己申告による学校法人は少なくな
いのですが，上記ガイドラインでは，自己申告制により始業・終業時刻の確認
及び記録を行わざるを得ない場合には，大要，次の措置を講ずることとしてい
ます。
① 　教職員に対し，労働時間の実態を正しく記録し，適正に自己申告を行う
　　ことなどについて十分な説明を行うこと

⑶　平成13年4月6日付基発339号。
⑷　平成29年1月20日策定。
⑸　ガイドラインでは，「労働時間とは，使用者の指揮命令下に置かれている時間のことを
　いい，使用者の明示又は黙示の指示により労働者が業務に従事する時間は労働時間に当た
　る」としており，判例と同様の定義を用いています。

② 実際に労働時間を管理する者に対して，自己申告制の適正な運用を含め，ガイドラインに従い講ずべき措置について十分な説明を行うこと

③ 自己申告により把握した労働時間が実際の労働時間と合致しているか否かについて，必要に応じて実態調査を実施し，所要の労働時間の補正をすること

④ 自己申告した労働時間を超えて事業場内にいる時間について，その理由等を報告させる場合には，報告が適正に行われているかについて確認すること

⑤ 自己申告できる時間外労働の時間数に上限を設け，上限を超える申告を認めない等，労働時間の適正な申告を阻害する措置を講じてはならないこと

私立学校で，これらの措置を全て講じることは事実上困難です。実際に，ガイドラインに沿った形で労働時間の自己申告制を運用している学校は，ほとんどなかったといえます。

Q25 労働時間の把握について，どのような法改正があったのですか。

1 働き方改革法により，安衛法が改正され，学校法人は，厚生労働省令で定める方法により，教職員の労働時間の状況を把握しなければならないこととされました。

2 Q23で述べたとおり，働き方改革法の施行前は，教職員の労働時間を把握することを，正面から定めた法律はありませんでした。もっとも，時間外・休日・深夜労働の割増賃金を支払う前提として労働時間を把握する必要がありましたし，賃金台帳には労働時間数と，時間外・休日・深夜労働時間数を記録しなければならないこととされていました[6]。また，厚生労働省の通達（いわゆる46通達）[7]やガイドライン[8]には，労働時間を把握する具体的な方法が記載されていました。

ところが，労働時間を適切に把握していない事業主が少なくなかったため，長時間勤務の実態を把握しにくかったり，サービス残業の原因になったりするなどの問題がありました。このような状況を受けて，改正後の安衛法66条の8の3は，「厚生労働省令で定める方法により，労働者……の労働時間の状況を把握しなければならない」として，法律では初めて，労働時間の状況の把握義務を明示しました。

もっとも，同条の労働時間の状況の把握義務に違反した場合や，安衛法66条の8の面接指導を怠った場合の罰則は，定められていません[9]。

---

(6) 労基法108条，労基規則54条1項5号～6号。
(7) 平成13年4月6日付基発339号。
(8) 労働時間の適正な把握のために使用者が講ずべき措置に関するガイドライン（平成29年1月20日策定）。

3　　学校法人は，長時間勤務をしている教職員について，次の要件を満たしたときは，医師による面接指導を受けさせる義務を負います（安衛法66条の8，安衛規則52条の2～52条の3）⁽¹⁰⁾。

①　週40時間を超えた労働時間が，1か月あたり80時間を超えていること

②　疲労の蓄積が認められること

③　その教職員から面接指導の申出があったこと

医師による面接指導を確実に実施させるためには，個々の教職員の労働時間が正確に把握されている必要があります。改正法は，この観点から，労働時間の状況を把握する義務を定めたものです。

また，①の時間数が，1か月あたり100時間超から，1か月あたり80時間超に短縮された点にも，注意を要します。

4　　上記の「週40時間を超えた労働時間」には，休日労働時間が含まれますが，休憩時間は含まれません。

例えば，日曜日から土曜日までの7日間，毎日午前9時出勤，休憩1時間，午後6時退勤という働き方をした場合，次のように計算します。

- 1日の拘束時間：9時間
- 1日の労働時間：拘束時間－休憩時間＝9時間－1時間＝8時間
- 1週の労働時間：8時間×7日間＝56時間
- 週40時間を超えた労働時間：56時間－40時間＝16時間

当たり前のような計算式ですが，休日労働時間も算入する点で，改正労基法36条の限度時間の計算式とは異なります。また，変形労働時間制を採用してい

---

(9)　ただし，改正労基法36条11項が適用される者と，高度プロフェッショナル制度が適用される者については，医師による面接指導を怠った場合の罰則が定められています。安衛法66条の8の2第1項，66条の8の4第1項，120条1号参照。

(10)　改正労基法36条の限度基準が適用除外となる者については安衛法66条の8の2に，高度プロフェッショナル制度の適用対象者については同法66条の8の4に，医師による面接指導の定めが置かれています。もっとも，私立学校の教職員でこれらの規定が適用される者は，ごく僅かと思われます。

る学校では，どの週についても40時間を基準として計算する点で，時間外労働
時間の計算式と異なります。

なお，変形労働時間制については，Q9～Q10で解説しています。

5 改正法による労働時間把握義務は，労基法ではなく，安衛法に定められ
ています。したがって，管理監督者のように，労基法上の労働時間規
制の適用対象外とされる者であっても，労働時間把握義務の対象外となること
はありません[11]。

○安衛法

（面接指導等）
第66条の8　事業者は，その労働時間の状況その他の事項が労働者の健康の保持
　を考慮して厚生労働省令で定める要件に該当する労働者（次条第1項に規定す
　る者及び第66条の8の4第1項に規定する者を除く。以下この条において同じ。）
　に対し，厚生労働省令で定めるところにより，医師による面接指導（問診その
　他の方法により心身の状況を把握し，これに応じて面接により必要な指導を行
　うことをいう。以下同じ。）を行わなければならない。
2～5　略
第66条の8の3　事業者は，第66条の8第1項又は前条第1項の規定による面接
　指導を実施するため，厚生労働省令で定める方法により，労働者（次条第1項
　に規定する者を除く。）の労働時間の状況を把握しなければならない。

○安衛規則

（面接指導の対象となる労働者の要件等）
第52条の2　法第66条の8第1項の厚生労働省令で定める要件は，休憩時間を除
　き1週間当たり40時間を超えて労働させた場合におけるその超えた時間が1月
　当たり80時間を超え，かつ，疲労の蓄積が認められる者であることとする。た
　だし，次項の期日前1月以内に法第66条の8第1項又は第66条の8の2第1項

---

(11)　平成30年12月28日付基発1228第16号。

に規定する面接指導を受けた労働者その他これに類する労働者であつて法第66条の8第1項に規定する面接指導（以下この節において「法第66条の8の面接指導」という。）を受ける必要がないと医師が認めたものを除く。

2〜3　略

（面接指導の実施方法等）

第52条の3　法第66条の8の面接指導は，前条第1項の要件に該当する労働者の申出により行うものとする。

2　略

3　事業者は，労働者から第一項の申出があつたときは，遅滞なく，法第66条の8の面接指導を行わなければならない。

4　略

Q26 改正法では，どのような方法で労働時間を把握することになっているのですか。

1 労働時間を把握する方法は，従前のガイドラインが求めていたものと同様の内容とされています。

2 安衛法66条の8の3は，「厚生労働省令で定める方法により」労働時間の状況を把握することと定めており，安衛規則52条の7の3は，「タイムカードによる記録，パーソナルコンピュータ等の電子計算機の使用時間の記録等の客観的な方法その他の適切な方法」で労働時間を把握するよう求めています。

働き方改革法成立後，平成30年9月7日に発出された通達では，労働時間把握の方法は，従前のガイドラインを参考に追って通知すると記載するのみで，「その他適切な方法」の内容は，必ずしも明確ではありませんでした[12]。

その後，平成30年12月28日付の通達で，タイムカード・PC等の使用時間記録，事業者による現認等の客観的な記録によることが原則であり，自己申告制は，「やむを得ず客観的な方法により把握し難い場合」で，適正な申告を確保する措置等を講じたときに限って取り得る方法であることなどが説明されています[13]。

3 上記通達では，「やむを得ず客観的な方法により把握し難い場合」の例として，事業場外において行う業務に直行又は直帰する場合など，事業者の現認を含め労働時間の状況を客観的に把握する手段がない場合が挙げられています。その上で，タイムカード・PC等の使用時間記録，事業者による現認等の客観的な記録が可能である場合には，自己申告制によることは認めら

---

[12] 平成30年9月7日付基発0907第2号。

[13] 平成30年12月28日付基発1228第16号。

れないとされています。

　また，上記通達は，自己申告制による場合は，次の措置を全て講じる必要があるとしています。

① 　自己申告制の対象となる労働者に対して，労働時間の状況の実態を正しく記録し，適正に自己申告を行うことなどについて十分な説明を行うこと

② 　実際に労働時間の状況を管理する者に対して，自己申告制の適正な運用を含め，講ずべき措置について十分な説明を行うこと

③ 　自己申告により把握した労働時間の状況が実際の労働時間の状況と合致しているか否かについて，必要に応じて実態調査を実施し，所要の労働時間の状況の補正をすること

④ 　自己申告した労働時間の状況を超えて事業場内にいる時間又は事業場外において労務を提供し得る状態であった時間について，その理由等を労働者に報告させる場合には，当該報告が適正に行われているかについて確認すること。その際に，休憩や自主的な研修，教育訓練，学習等であるため労働時間の状況ではないと報告されていても，実際には，事業者の指示により業務に従事しているなど，事業者の指揮命令下に置かれていたと認められる時間については，労働時間の状況として扱わなければならないこと

⑤ 　労働者が自己申告できる労働時間の状況に上限を設け，上限を超える申告を認めないなど，労働者による労働時間の状況の適正な申告を阻害する措置を講じてはならないこと。また，時間外労働時間の削減のための社内通達や時間外労働手当の定額払等労働時間に係る事業場の措置が，労働者の労働時間の状況の適正な申告を阻害する要因となっていないかについて確認するとともに，当該阻害要因となっている場合においては，改善のための措置を講ずること。さらに36協定により延長することができる時間数を遵守することは当然であるが，実際には延長することができる時間数を超えて労働しているにもかかわらず，記録上これを守っているようにすることが，実際に労働時間の状況を管理する者や労働者等において，慣習的に行われていないかについても確認すること

4 　採用できる場面が限定されていること，自己申告制を採用する際に講ずべき措置が非常に繁雑な内容であることを考慮すると，上記通達の内容に沿った形で自己申告制を適切に運用できる学校法人はほとんどないと思われます。

　また，教職員は常に職員室や事務室にいるわけではなく，学校の内外を動き回ることが多いため，管理職による出退勤時刻の現認の方法も，現実的ではありません。大半の学校法人では，タイムカード等による機械的な方法で，労働時間の状況を把握することになるものと思われます。

5 　タイムカード等の労働時間を記録した資料は，３年間の保存義務があります（安衛規則52条の７の３第２項）。また，労基法109条の「労働関係に関する重要な書類」に該当するため[14]，違反には罰金30万円以下の刑罰が定められています（労基法120条１号）。

○安衛規則

> （法第66条の８の３の厚生労働省令で定める方法等）
> 第52条の７の３　法第66条の８の３の厚生労働省令で定める方法は，タイムカードによる記録，パーソナルコンピュータ等の電子計算機の使用時間の記録等の客観的な方法その他の適切な方法とする。
> ２　事業者は，前項に規定する方法により把握した労働時間の状況の記録を作成し，３年間保存するための必要な措置を講じなければならない。

---

[14]　平成13年４月６日付基発339号，労働時間の適正な把握のために使用者が講ずべき措置に関するガイドライン（平成29年１月20日策定）。

管理職が出退勤時刻を現認するためには

　本文で述べたとおり，小学校・中学校・高等学校では，校長・副校長・教頭等の管理職を含め，教職員は学校の内外を動き回っており，職員室にいる時間は多くありません。管理職が教職員の出退勤時刻を現認するためには，教職員の出勤時と退勤時には必ず職員室に立ち寄らせることに加えて，少なくとも1人は，管理職が常に職員室に待機していなければなりません。

　管理職による現認の方法を適切に運用するためには，副校長・教頭を2名以上配置するなど，これまでの人事とは異なる工夫が必要になると考えられます[15]。

---

[15]　学教法37条6項及び8項には，副校長を2名以上，教頭を2名以上配置することが可能であることを前提とした条文が置かれています。

Q27 改正法の下では，大学の教員や管理監督者の労働時間も把握 しなければならないのですか。

1 　　大学教員や管理監督者についても，労働時間の状況を把握しなければ なりません。

2 　　学校法人は，労基法等の労働法令が全面適用される民間事業者であり， 大学教員も大学と雇用契約を締結し，指揮命令下におかれる労働者であ るため，労働時間把握義務の対象となります。

　例外的に，Q30で解説する高度プロフェッショナル制度を適用される場合 は，労働時間に関する労基法の規定が適用除外となり，安衛法66条の8の3も 適用されないのですが，私立学校の教職員に高度プロフェッショナル制度が適 用されることは，ほとんどないと思われます。

3 　　大学教員は，一定の要件を満たすと，裁量労働制を適用することがで きます。働き方改革法施行前は，裁量労働制等のみなし労働時間制が適 用される者は，労働時間把握の対象外とされていました[16]。

　しかし，改正後の安衛法66条の8の3は，みなし労働時間制が適用される者 を除外せず，原則として全労働者の労働時間の状況を把握することを義務付け ています。

　また，みなし労働時間制が適用される者も，長時間勤務を理由とする，医師 の面接指導の対象とされています（安衛法66条の8第1項，安衛規則52条の2第 1項）。医師の面接指導の前提として，1週40時間を超える労働が1月あたり 80時間を超えたか否かを判断しなければならないため，みなし労働時間制が適 用される者についても，労働時間を把握する必要があります。

---

[16]　平成13年4月6日付基発339号，労働時間の適正な把握のために使用者が講ずべき措置 に関するガイドライン（平成29年1月20日策定）。

したがって，裁量労働制が適用される大学教員についても，労働時間の把握が必要です。なお，裁量労働制の内容については，Q19～Q20を参照してください。

4　労基法41条2号は，「監督若しくは管理の地位にある者又は機密の事務を取り扱う者」には，労働時間，休憩及び休日に関する労基法の規定を適用しない旨を定めています。多くの学校法人では，校長・副校長・教頭や，事務長等を，労基法41条2号の管理監督者に位置付けています。

管理監督者については，労基法上の労働時間・休憩・休日の規制が適用されないことから，従前の通達やガイドラインでは，労働時間把握の対象外とされていました[17]。

働き方改革法によって導入された労働時間の状況の把握義務は，労基法ではなく，安衛法66条の8の3に定められています。労基法41条によって適用除外とされる労働時間規制は，労基法上のものだけなので，安衛法上の義務である労働時間の状況の把握義務は，管理監督者にも適用されることとなります。

働き方改革法に関する通達においても，労働時間の状況の把握は労働者の健康確保を適切に実施するためのものであり，その対象となる労働者は，高度プロフェッショナル制度の対象者を除き，管理監督者を含む全ての労働者だとされています[18]。

---

[17]　平成13年4月6日付基発339号，労働時間の適正な把握のために使用者が講ずべき措置に関するガイドライン（平成29年1月20日策定）。

[18]　平成30年12月28日付基発1228第16号。

大学教員の特殊性

大学教員は，授業や授業準備，学校から指示された研究，学内の各種行政等の業務に従事するだけでなく，自分が所属する学会発表の準備や論文執筆等の個人としての研究活動や自己研鑽も行っています。

労働時間とは，使用者の指揮命令下に置かれていると評価される時間のことをいいます。大学教員には，個人としての研究活動の時間，著書の執筆時間，学会発表の準備の時間など，学内にいながらも学校法人の指揮命令下に置かれているとはいい難い時間があります。

このような大学教員の特殊性を考慮すると，タイムカードやPCの駆動時間による労働時間把握が適しているか少々疑問であり，「やむを得ず客観的な方法により把握し難い場合」に準じて自己申告制を許容することも，議論の余地があると考えます。

私立学校の教職員の労働時間把握には，どのような問題点が
あるのですか。

1 多くの私立学校では，適切な方法で教職員の労働時間が把握されてお
らず，さまざまな法的リスクの要因となっています。

2 私立の小学校・中学校・高等学校では，次のイメージのように，教職
員の出退勤の管理を出勤簿への押印のみで行っており，出退勤時刻を記
録しない取扱いが多く見られます。

令和2年4月 　　　役職　　専任職員　　　　氏名　　学校　太郎

日	月	火	水	木	金	土
			1 ㊫	2 ㊫	3 ㊫	4
5	6 ㊫	7 ㊫	8 ㊫	9 ㊫	10 ㊫	11
12 ㊫	13 振休	14 ㊫	15 ㊫	16 ㊫	17 ㊫	18
19	20 ㊫	21 ㊫	22 ㊫	23 ㊫	24 ㊫	25
26	27 ㊫	28 ㊫	29 祝日	30 ㊫		

　平成29年に行われたアンケート調査においても，私立高校の62.7％で，専任
教員の出勤を出勤簿への押印で確認しており，出勤時刻を記録していないよう
です。また，専任職員についても，出勤の確認は出勤簿の押印のみとする私立
高校が52.7％とされています[19]。

(19) 公益社団法人私学経営研究会編『第3回　私学教職員の勤務時間管理に関するアンケー
ト調査報告書』（私学経営研究会，平成30年）3頁。

働き方改革法により労働時間の状況の把握が明文で義務付けられたことや，労働基準監督署による指導・勧告などによって，タイムカードを導入する学校が増えつつありますが，教職員の出退勤時刻を把握していない学校は，いまだ多数に上ると思われます。

3 私立大学においては，事務職員の出退勤時刻はタイムカード等で客観的に記録している事例が多いのですが，教員については，全く管理していないところがほとんどです。

Q27のコラムで述べたとおり，大学教員の勤務には民間企業や事務職員と異なる特殊性があり，教育・研究活動は，個々の教員の裁量に委ねられているのが実態です。教員の職務の専門性が高く，労働時間を厳格に管理すると教育・研究の成果が十分に上がらないこと，学校法人側で大学教員の活動を把握しきれないことが背景にあります。

このような実態が労働法令に則していないことは否定できず，今後は，タイムカード等による労働時間の把握と，専門業務型裁量労働制が広まることが予想されます。

4 上記のような私立学校の実態からは，さまざまな法的リスクが生じます。

近年増加しているのは，労働基準監督署による指導又は是正勧告の事例です。私立学校が労働基準監督署の調査を受けると，必ずといっていいほど，労働時間の把握に関する指導又は是正勧告が行われます。安衛法66条の8の3に労働時間把握義務が明記されたことに加え，労基法36条10項では，労働基準監督署が助言及び指導を行う際には，「労働者の健康が確保されるよう特に配慮しなければならない」こととされました。今後，労働時間の把握や長時間労働に対しては，厳しい指導等が予想されます。

次に，未払賃金請求訴訟での敗訴リスクが挙げられます。私立学校においても，時間外・休日・深夜労働に対しては割増賃金を支払わなければならないの

ですが，労働時間を把握していないために，割増賃金の未払いが生じている学校は少なくありません。訴訟では，原告（教職員）は交通機関の利用履歴などで出退勤時刻を立証するのですが，被告（学校法人）は労働時間を記録していないため，何の反証もできないという場面が想定されます。敗訴した際には，未払賃金及び遅延損害金[20]に加えて，最大で，未払賃金と同額の付加金を支払うよう命じられることがあるため（労基法114条），莫大な金額に上るおそれがあります。

　さらに，学校法人が把握していない長時間労働による労働災害も，重大なリスクとして指摘しなければなりません[21]。

　私立学校の現場では抵抗感があるようですが，これらのリスクを避けるためには，タイムカード等の導入は避けられないと認識すべきでしょう。

○**労基法**

（付加金の支払）
第114条　裁判所は，第20条，第26条若しくは第37条の規定に違反した使用者又は第39条第9項の規定による賃金を支払わなかつた使用者に対して，労働者の請求により，これらの規定により使用者が支払わなければならない金額についての未払金のほか，これと同一額の付加金の支払を命ずることができる。ただし，この請求は，違反のあつた時から2年以内にしなければならない。

[20]　退職手当を除く賃金については，年14.6％の割合で遅延損害金を計算することがあります（賃金の支払の確保等に関する法律6条1項）。
[21]　公立学校の事案ですが，近時の裁判例でも，長時間勤務等によって精神疾患を発症し自殺したことについて，業務の過重性は校長の安全配慮義務違反によりもたらされたものであるとして，学校設置者等に約6,500万円の損害賠償を命じたものがあります（福井地裁令和元年7月10日判決・労働判例1216号21頁）。

労働時間の状況を把握するために，私立学校ではどのような対策が必要ですか。

1 労働時間の状況の把握義務への対策として，タイムカード，ICカード等によって教職員各自の始業・終業時刻を把握することが必要です。

2 タイムカード等を導入する際には，単に機材やシステムを導入するだけではなく，教職員への教育・啓発が必要です。

　毎日の出退勤時に必ず打刻すること，打刻は自分ですること，業務が終わったのに学校内に滞留しないこと，始業時刻前又は終業時刻後の勤務が必要な場合には所属長の承認を得ること等を，これまで出退勤時刻を意識していなかった職場に定着させることは，容易ではありません。

3 正確な出退勤時刻が記録されないと，タイムカード等を導入した意味がありません。また，実際の労働時間と打刻された時間が一致しないと，サービス残業やカラ残業の温床になってしまいます。

　訴訟等では，タイムカード等で記録した出勤時刻から退勤時刻までの間は労働をしていたと，事実上推定されます。学校側が，在校していても労働はしていなかったとしてこの推定を覆すことは，よほど説得的な反証がない限り，困難です。

　割増賃金の未払いや想定外の支払い等の法的リスクをなくすためには，個々の教職員が，正確な出退勤時刻を記録することの重要性を理解することが不可欠です。

4 教職員への周知・啓発に加え，就業規則を改正し，タイムカード等による打刻を義務付けることも選択肢です。この場合，時間外・休日労働は，学校側の職務命令があった場合か，教職員が事前に申告して学校側の承認

を得た場合に限ることも定めておくと良いでしょう。時間外・休日労働を学校
側がコントロールすることで，長時間労働を防ぐことができます。また，命
令・承認なく勤務時間外に校内にいたとしても，労働時間ではないという主張
をすることが可能になります。

　就業規則に打刻義務を定めることで，頻繁に打刻を忘れる，わざと打刻しな
い，他の教職員に打刻してもらうなど，適切に打刻しない教職員に対しては，
就業規則違反として指導や懲戒を行うこととなります。

　タイムカード等による打刻を義務付ける就業規則の条文の例は，次のとおり
です。

≪タイムカードでの打刻に関する就業規則の作成例≫

（出退勤時刻の記録）

第○○条　教職員は，出勤時及び退勤時に，各自のタイムカードに出勤時刻及
　　び退勤時刻を記録しなければならない。

（時間外・休日勤務）

第○○条　学園は，業務上の必要がある場合は，教職員に時間外勤務又は休日
　　勤務を命じることがある。

2　教職員は，時間外勤務又は休日勤務が必要となったときは，事前に所属長
　　の承認を得なければならない。ただし，やむを得ない事由があるときは，時
　　後直ちに所属長の承認を得るものとする。

3　第1項の命令又は第2項の承認がない限り，教職員の在校時間は，勤務時
　　間として取り扱わない。

第4章

労働時間に関するその他の改正点

Q30 高度プロフェッショナル制度とは，どのような制度ですか。

1 　高度プロフェッショナル制度とは，高度の専門的知識等を有し，職務の範囲が明確で一定の年収要件を満たす労働者を対象として，労使委員会の決議及び労働者本人の同意を前提として，年間104日以上の休日確保措置や健康管理時間の状況に応じた健康・福祉確保措置等を講ずることにより，労基法の労働時間，休憩，休日及び深夜の割増賃金に関する規定を適用除外とする制度です[(1)]。ただし，高度プロフェッショナル制度の下でも，年次有給休暇や産前産後休業等に関する規定は適用されます。

2 　高度プロフェッショナル制度の導入に必要な手続きは，概ね次のとおりです。

①　労使委員会を設置する

②　労使委員会で次の内容を決議する

---

(1)　厚生労働省パンフレット「高度プロフェッショナル制度わかりやすい解説」1頁。

- 対象業務（厚生労働省令で定める業務）
- 対象者の範囲
- 健康管理時間（在社時間＋自宅勤務時間）の把握方法
- 年間104日以上かつ4週4日以上の休日付与
- 対象者の選択的措置，健康・福祉確保措置
- 同意撤回手続，苦情処理措置
- 同意をしない者への不利益取扱いの禁止
- 決議の有効期間，労使委員会の開催頻度・開催時期等
③　決議を労働基準監督署へ届け出る
④　対象者から書面による同意を得る
※　就業規則に，高度プロフェッショナル制度に関する条文を追加することが必要

3　　　　上記の要件のうち，労使委員会の決議に関する留意点は次のとおりです。

　まず，労使委員会の決議は，労働者側の委員が半数以上を占めている委員会において，委員の5分の4以上の多数による決議を行うことが必要です。委員の5分の4以上とされたのは，使用者側委員全員に加えて，労働者側委員の過半数が賛成しないと可決できないようにするためです。

　対象業務については，労基規則34条の2第3項が，高度の専門的知識を必要とし，時間と成果の関連性が高くないものとして，金融商品の開発業務，金融商品のディーリング業務，アナリストの業務（企業・市場等の高度な分析業務），コンサルタントの業務（事業・業務の企画運営に関する高度な考案又は助言の業務），新たな技術，商品，役務の研究開発業務の5種類を限定列挙し，使用者から具体的な指示を受けて行うものは含まないとしています。

　対象者の範囲は，使用者との合意によって職務が明確に定められており，かつ，賃金額の見込みが年間1,075万円以上である者に限られます（労基法41条の2第1項2号，労基規則34条の2第6項）。

　対象者の選択的措置及び健康・福祉確保措置として，労基法41条の2第1項第5号～第6号及び労基規則34条の2第14項が，勤務間インターバルの確保及び深夜業の回数制限，連続2週間の休日付与，臨時の健康診断，医師による面接指導，代休又は特別休暇の付与，適切な部署への配置転換などを定めています。

4　高度プロフェッショナル制度は，働き方改革法成立の際に非常に注目された制度ですが，私立学校の教職員に適用する事例はほとんどないと思われます。

　その理由として，労使委員会を置いている私立学校は極めて少ないこと，対象業務に学校教育や大学での研究が含まれないこと，特定の職務に限定する職務記述書面を作成している教職員が少ないことなどが挙げられます。

　今後の労基法及び労基規則の改正の方針は定まっていませんが，対象業務に大学における教育研究業務が追加されることがあれば，導入を検討する契機になるでしょう。

Q31 フレックスタイム制は，私立学校でも導入できるのですか。

1 　フレックスタイム制とは，労使協定において一定の期間に働くべき総労働時間を定めておき，その時間の範囲内で，労働者が各自の出勤時刻と退勤時刻を自ら決めることができる制度です[2]。出退勤時刻を労働者の判断に完全に任せる方法だけでなく，必ず出勤しなければならないコアタイムを設ける方法も可能です。

2 　従前は，フレックスタイム制に関する労使協定では，1か月以内の清算期間を定めて，この清算期間内で，労働者が働くべき総労働時間を定めることが必要でした。働き方改革法による法改正により，清算期間の上限が，1か月から3か月に延長されました（労基法32条の3第1項2号）。

　これにより，比較的長期にわたって業務の調整を図りながら働く勤務形態が可能となる一方で，特定の月に労働時間が集中する可能性もあります。そこで，労働時間を分散し，長時間労働を防止する観点から，1か月を超える清算期間を定める場合は，1か月ごとの労働時間が週平均50時間を超える場合の割増賃金の支払いが義務付けられます（労基法32条の3第2項）。また，1か月を超える清算期間を設定する場合，労使協定を労働基準監督署に届け出る必要があります（労基法32条の3第4項）。

　なお，中途採用や中途退職によって，実際にフレックスタイム制の下で勤務した期間が労使協定で定めた清算期間よりも短くなる教職員には，実際の勤務期間を平均して1週あたりの労働時間が40時間を超える時間について，割増賃金を支払うことが必要になりました（労基法32条の3の2）。

　このほか，改正法では，完全週休2日制の事業場において，毎月の曜日の巡

---

(2)　厚生労働省パンフレット「フレックスタイム制のわかりやすい解説＆導入の手引き」3頁。

りによって想定外の時間外労働が発生するという不都合の解消が図られています（労基法32条の3第3項）。

3　私立学校の教職員についても，長時間労働の解消や，教職員の裁量を尊重した働き方を実現するため，フレックスタイム制の導入を検討することがあるようです。

　もっとも，学生・生徒は毎日決まった登校時間に登校してきますし，学生・生徒が在校している時間帯に教員が帰宅することは，教育の質の低下や安全管理の面での問題を生じます。そもそも，フレックスタイム制は，法定労働時間を超えた労働時間数を設定できる制度ではないため，長時間労働の要因となっている教職員の業務量の見直しをしなければ，時間外労働の減少にはつながりません。これらの事情から，私立学校でのフレックスタイム制の導入事例は，ほとんど見られません。

　とはいえ，研究活動のみに従事する大学教員や，学生・生徒対応をしない部門の事務職員であれば，フレックスタイム制の導入を検討する余地があるかもしれません。

勤務間インターバル制度とは何ですか。

1 　勤務間インターバル制度とは，教職員が実際に退勤した時刻から次の出勤時刻まで，一定の間隔を設けることを義務付ける制度です。

2 　これまでも，労働時間設定改善法では，労働時間などの設定の改善に向けた自主的な努力を促進するための措置等が定められていました。

　働き方改革法による法改正により，労働時間等設定改善法2条1項の事業主等の責務に，労働者の「健康及び福祉を確保するために必要な終業から始業までの時間の設定」の努力義務が追加されました。もっとも，何時間のインターバルを設けるのか具体的な定めはなく，罰則等の制裁がない努力義務であるため，実務に導入する学校法人は多くないと予想されます。

3 　勤務間インターバル制の導入は強制力のある義務ではありませんが，教職員の健康を確保するための方策として有益と考えられるため，この機会に導入を検討すると良いでしょう。

　特に，附属病院を持つ医科大学等においては，医師について令和6年4月から適用される時間外労働規制に対応するにあたって，勤務間インターバル制度は現実的な選択肢の1つです。厚生労働省が平成31年3月に公表した「医師の働き方改革に関する検討会報告書」では，医師の時間外労働が1か月の上限を超えた場合の就業上の措置として，勤務間インターバル9時間の確保等が提唱されています。

○労働時間設定改善法

（事業主等の責務）
第2条　事業主は，その雇用する労働者の労働時間等の設定の改善を図るため，業務の繁閑に応じた労働者の始業及び終業の時刻の設定，健康及び福祉を確保するために必要な終業から始業までの時間の設定，年次有給休暇を取得しやすい環境の整備その他の必要な措置を講ずるように努めなければならない。

2～4　略

Q33　時間外労働の割増賃金の計算が変わったのですか。

1　令和5年4月1日から，1か月60時間を超える時間外労働に対する割増賃金の割増率を50％以上とする制度が，中小企業にも適用されるようになります。

2　平成22年4月1日施行の労基法改正によって，1か月60時間を超える時間外労働に対する割増賃金の割増率が，25％以上から50％以上へ引き上げられました（労基法37条1項但書）。

　労基法附則138条では，中小企業には労基法37条1項但書を適用しないとする経過措置を設けていましたが，働き方改革法による法改正によって労基法附則138条が削除されることとなりました。これによって，中小企業における月60時間超の時間外労働に対する割増賃金の割増率も，50％以上へ引き上げられることになります。労基法附則138条を削除する法改正の施行日は，令和5年4月1日です。

3　中小企業の判断基準は，Q6で解説したとおりです。学校法人の場合，常時勤務する労働者数が，法人全体で100人以下の場合，中小企業に当たります。中小企業に該当し，労基法附則138条の経過措置を利用している学校法人では，給与規程の改正等の対応が必要となります。

　もっとも，多くの学校法人は中小企業に当たらないため，既に労基法37条1項但書が適用されています。中小企業に当たらない学校法人では，法改正の影響はありません。

○労基法

（時間外，休日及び深夜の割増賃金）
第37条　使用者が，第33条又は前条第1項の規定により労働時間を延長し，又は休日に労働させた場合においては，その時間又はその日の労働については，通常の労働時間又は労働日の賃金の計算額の2割5分以上5割以下の範囲内でそれぞれ政令で定める率以上の率で計算した割増賃金を支払わなければならない。ただし，当該延長して労働させた時間が1箇月について60時間を超えた場合においては，その超えた時間の労働については，通常の労働時間の賃金の計算額の5割以上の率で計算した割増賃金を支払わなければならない。

○労基法附則

第138条　中小事業主（その資本金の額又は出資の総額が3億円（小売業又はサービス業を主たる事業とする事業主については5,000万円，卸売業を主たる事業とする事業主については1億円）以下である事業主及びその常時使用する労働者の数が300人（小売業を主たる事業とする事業主については50人，卸売業又はサービス業を主たる事業とする事業主については100人）以下である事業主をいう。）の事業については，当分の間，第37条第1項ただし書の規定は，適用しない。

○働き方改革法

（労働基準法の一部改正）
第1条　労働基準法（昭和22年法律第49号）の一部を次のように改正する。
　　中略
第138条を次のように改める。
第138条　削除

法内超勤と割増賃金

　労基法37条 1 項は，法定労働時間を超えた労働に対する割増賃金の支払義務を定めていますが，法定労働時間の範囲内で所定労働時間を超えた労働（法内超勤）の取扱いには言及していません。例えば， 1 日の労働時間を 7 時間と定めている学校で， 1 日 8 時間の労働をした場合， 1 時間分の給与の取扱いは，労基法37条では解決できない問題です。

　通達では，就業規則等で法内超勤に対する賃金額を定めていればその賃金額を支払えばよく，特に定めていなければ通常の労働時間の賃金を支払わなければならないとされています[(3)]。実務でも，通常の労働時間の賃金を支払う学校法人が多いようです。

　近時の私立学校の裁判例で，法内超勤に対する未払賃金の有無が争われた事例があります。裁判所は，就業規則では法内超勤に対しては追加の賃金を支払わないことを予定していると解して，法内超勤に対する賃金支払義務を否定し，この点に関する教員からの請求を棄却しています[(4)]。やや特殊な事案であったため，一般化してよいか微妙な裁判例ですが，法内超勤の取扱いを正面から論じたものとして，参考になります。

---

(3)　昭和23年11月 4 日付基発1592号。
(4)　東京高裁平成29年10月18日判決・労働判例1176号18頁（学校法人 D 学園）。

Q34　取引先への配慮義務とは何ですか。

1　働き方改革法により，事業主が他の事業主と取引を行う際に配慮するよう努める事項に，「著しく短い期限の設定及び発注の内容の頻繁な変更を行わないこと」が追加されました（労働時間設定改善法２条４項）。

2　働き方改革の柱の１つに，長時間労働の是正があります。長時間労働の要因には，労働時間の把握が行われていないことや，不要な業務の削減が進んでいないこと，適切な配置が行われていないことなど，個々の事業主の努力で解決可能なものだけでなく，取引先から極端に短い納期を設定されたり，頻繁に仕様の変更が命じられたりするなど，いわゆる"無茶振り"があることも否定できません。また，個々の事業場の管理者が，自分の管理下にある労働者の労働時間を減らすために，下請事業者等に無理な要求をすることも予想されるところです。

これらの事情を考慮して，労働時間設定改善法２条４項では，事業主の責務として，上記のような取引先への配慮義務を追加しました。

3　学校法人においても，取引業者に対して，著しく短い納期を設定して発注したり，発注後に何度も仕様を変更したりすることがないよう，計画的な発注をすることが期待されます。

○労働時間設定改善法

（事業主等の責務）
第２条
１～３　略

4 事業主は，他の事業主との取引を行う場合において，著しく短い期限の設定及び発注の内容の頻繁な変更を行わないこと，当該他の事業主の講ずる労働時間等の設定の改善に関する措置の円滑な実施を阻害することとなる取引条件を付けないこと等取引上必要な配慮をするように努めなければならない。

第5章

年次有給休暇

Q35 年次有給休暇について，労基法はどのように定めているのですか。

1 　年次有給休暇（年休）は，前年度に8割以上出勤した教職員に対して，勤続年数と所定労働日数に応じた日数が付与されます。

　専任教職員や常勤教職員のほか，1週の所定労働時間が30時間以上又は1週の所定労働日数が5日以上の教職員には，勤続6か月で10日の年休が付与されます。以後1年ごとに11日，12日，14日，16日，18日と付与日数は漸増し，勤続6年6か月で20日付与され，それ以後は毎年20日の年休が付与されます（労基法39条1項～2項，労基規則24条の3第1項，3項）。

　実際には，労基法の定めより多い日数の年休を付与する学校や，勤続6か月ではなく採用時に年休を付与する学校も珍しくありません。労基法より有利な労働条件なので，このような内容を就業規則に定めることも可能です。

2 　年休付与日数の算定のための勤続年数は，雇用契約の形式ではなく，勤務の実態から判断されます。有期雇用契約を更新している教職員の場合，前年度以前の契約期間も通算することとなります。また，定年退職後再雇

用の場合も，定年退職前の勤続年数が通算されます[1]。

3　年休の取得は，１日単位が原則ですが，半日に分割して付与することも可能です。また，労使協定を締結すれば，年５日以内に限り，時間単位での付与も可能です（労基法39条４項）。

4　年休は，教職員が請求した時季に取得させることが原則です（労基法39条５項）。取得理由は教職員の自由なので，例えば，「１日中ネットゲームをしていたい」といった理由でも構いません。

　ただし，事業の正常な運営を妨げる場合には，他の時季に変更させることができます。これを，使用者の時季変更権といいます（労基法39条５項但書）。例えば，入学試験の日に作問を担当していた教員が年休を取得すると質問対応ができなくなるため，学校の事業の正常な運営を妨げる場合に当たると解されます。

5　労使協定を締結することで，年休のうち年５日を超える部分については，協定で定めた時季に与えることができます。計画年休，計画的付与と呼ばれる制度です（労基法39条６項）。

6　年休を取得した日又は時間は，有給扱いとなります。具体的な金額は次のいずれかの計算によることとなりますが（労基法39条９項），学校法人では，②を採用するところが多いようです。
　①　平均賃金（労基法12条）
　②　所定労働時間労働した場合に支払われる通常の賃金（労基規則25条）
　③　１日あたり，健康保険法40条１項に規定する標準報酬月額の30分の１
　　（労使協定が必要）

---

(1)　昭和63年３月14日付基発150号。

　なお，学校法人は，年休を取得した教職員に対して，賃金の減額その他不利益な取扱いをしないようにしなければならないとされています（労基法附則136条）。

7　　労基法115条により，年休は，付与日から2年を経過すると消滅時効によって消滅します。これを受けて，多くの学校の就業規則では，未取得の年休は翌年度に限って繰り越すことができる旨を定めています。

8　　年休の付与日数等を定める労基法39条違反に対しては，6か月以下の懲役または30万円以下の罰金の刑罰が定められています（労基法119条1号）。

9　　年休に関する上記**1**～**8**の内容は，働き方改革法による労基法改正後も，変更はありません。

○労基法39条4項～6項

4　使用者は，当該事業場に，労働者の過半数で組織する労働組合があるときはその労働組合，労働者の過半数で組織する労働組合がないときは労働者の過半数を代表する者との書面による協定により，次に掲げる事項を定めた場合において，第1号に掲げる労働者の範囲に属する労働者が有給休暇を時間を単位として請求したときは，前3項の規定による有給休暇の日数のうち第2号に掲げる日数については，これらの規定にかかわらず，当該協定で定めるところにより時間を単位として有給休暇を与えることができる。
一　時間を単位として有給休暇を与えることができることとされる労働者の範囲
二　時間を単位として与えることができることとされる有給休暇の日数（5日以内に限る。）
三　その他厚生労働省令で定める事項
5　使用者は，前各項の規定による有給休暇を労働者の請求する時季に与えなければならない。ただし，請求された時季に有給休暇を与えることが事業の正常な運営を妨げる場合においては，他の時季にこれを与えることができる。

6 使用者は，当該事業場に，労働者の過半数で組織する労働組合がある場合においてはその労働組合，労働者の過半数で組織する労働組合がない場合においては労働者の過半数を代表する者との書面による協定により，第1項から第3項までの規定による有給休暇を与える時季に関する定めをしたときは，これらの規定による有給休暇の日数のうち5日を超える部分については，前項の規定にかかわらず，その定めにより有給休暇を与えることができる。

民法改正と年休の繰越し

　令和2年4月1日施行の民法改正により，消滅時効に関する規定が大幅に見直されます。従前は，債権の消滅時効期間は原則として10年としつつ，債権の種類に応じてさまざまな短期消滅時効が定められていました。例えば，授業料債権は2年間（民法173条3号），大学病院の診療報酬債権は3年間（民法170条1号），貸与奨学金の返還債権は10年間（民法167条1項）の消滅時効が適用されてきました。民法改正により，債権の消滅時効期間は原則として5年間となり，短期消滅時効に関する条文は，大半が削除されます。

　ところで，労基法115条は，労基法による賃金（退職手当を除く）その他の請求権について，2年間の短期消滅時効を定めています。この点について，民法改正に合わせて同条が改正され，賃金請求権の消滅時効期間を5年に延長するが，当分の間は3年間にする経過措置を設けることとされました。

　消滅時効に関する労基法改正は，厚生労働省労働基準局が実施する「賃金等請求権の消滅時効の在り方に関する検討会」で検討が進められたものです。令和元年7月1日付の論点整理では，現行の労基法上の賃金請求権の消滅時効期間を将来にわたり2年のまま維持する合理性は乏しいと指摘しつつ，年休については，「必ずしも賃金請求権と同様の取扱いを行う必要性がないとの考え方で概ね意見の一致がみられる」とされています。

　上記の労基法115条の改正は令和2年4月1日に施行されています。私学の労務管理にも大きな影響があるため，今後も法改正の動向には注意しておくべきでしょう。

非常勤の教職員にも，年次有給休暇を付与しなければならないのですか。

1　非常勤の教職員も，前年度に8割以上出勤していれば，年休が付与されます。ただし，付与される日数は，所定労働時間と所定労働日数によって異なります。

2　次のいずれかに該当する者は，非常勤の職種であっても，専任教職員と同じ日数の年休が付与されます（労基法39条3項1号～2号，労基規則24条の3第1項，4項～5項）。

①　1週の所定労働時間が30時間以上の教職員

②　1週の所定労働日数が4日（週以外の期間で所定労働日数を定めている場合は，1年の所定労働日数が216日）を超える教職員

3　上記①にも②にも該当しない教職員の年休は，次の表のとおり，勤続年数と所定労働日数に応じて，比例付与されます（労基法39条3項，労基規則24条の3第3項）。

週所定労働日数	4日	3日	2日	1日
年所定労働日数	169日～216日	121日～168日	73日～120日	48日～72日
継続勤務期間 6か月	7日	5日	3日	1日
1年6か月	8日	6日	4日	2日
2年6か月	9日	6日	4日	2日
3年6か月	10日	8日	5日	2日
4年6か月	12日	9日	6日	3日
5年6か月	13日	10日	6日	3日
6年6か月	15日	11日	7日	3日

※「年所定労働日数」の欄は，週以外の期間によって所定労働日数が定められている者に適用する。

　所定労働日数が年度によって異なる場合，今年度の年休日数は，前年度の所定労働日数ではなく，今年度の所定労働日数によって決まります[2]。例えば，勤続8年目で，前年度は週2日勤務，今年度は週3日勤務のパート職員の場合，今年度の年休の日数は，11日となります。

4　　年休の取得方法，時季変更権，計画年休の対象になり得ること，消滅時効などは，専任教職員と同じルールが適用されます。詳細は，Q35を参照してください。

5　　今回の改正では，非常勤の教職員に比例付与される年休の日数について，変更はありません。

○労基法

(年次有給休暇)
第39条
3　次に掲げる労働者（1週間の所定労働時間が厚生労働省令で定める時間以上の者を除く。）の有給休暇の日数については，前2項の規定にかかわらず，これらの規定による有給休暇の日数を基準とし，通常の労働者の1週間の所定労働日数として厚生労働省令で定める日数（第1号において「通常の労働者の週所定労働日数」という。）と当該労働者の1週間の所定労働日数又は1週間当たりの平均所定労働日数との比率を考慮して厚生労働省令で定める日数とする。
一　1週間の所定労働日数が通常の労働者の週所定労働日数に比し相当程度少ないものとして厚生労働省令で定める日数以下の労働者
二　週以外の期間によつて所定労働日数が定められている労働者については，1年間の所定労働日数が，前号の厚生労働省令で定める日数に1日を加えた日数を1週間の所定労働日数とする労働者の1年間の所定労働日数その他の事情を考慮して厚生労働省令で定める日数以下の労働者

---

(2)　厚労省労働基準局編『平成22年度版労働基準上』（労務行政，平成23年）602頁。

○労基規則

第24条の3　法第39条第3項の厚生労働省令で定める時間は，30時間とする。

2～3　略

4　法第39条第3項第1号の厚生労働省令で定める日数は，4日とする。

5　法第39条第3項第2号の厚生労働省令で定める日数は，216日とする。

Q37 時間単位年休とは，どのような制度ですか。

1 年休制度は，労働者の心身の疲労回復や余暇の充実を目的とするため，ある程度まとまった日数をまとめて取得することが本来の趣旨とされています。この趣旨は，労基法39条が「時期」ではなく「時季」という漢字を用いている点にも表れています。

年休を細切れに取得することは本来の制度趣旨に添わないため，年休の取得は日単位で行うことが原則です。もっとも，教職員が希望する場合には，半日単位での取得を認めることもできます[3]。

2 平成22年4月1日施行の労基法改正により，労使協定を締結することで，時間単位での年休取得が可能になりました。当時，年休取得率が5割を下回る水準であったことや，時間単位での取得に対する需要があったことから，1年に5日分を上限として時間単位での取得が認められるようにしたものです（労基法39条4項）。

時間単位で年休を取得する場合も，教職員からの請求が原則であること，利用目的は自由であること，使用者に時季変更権があることなどは，1日又は半日単位での取得の場合と異なりません。

3 時間単位年休制度を用いるためには，次の事項について，労使協定で定める必要があります（労基法39条4項，労基規則24条の4）。
① 対象となる教職員の範囲
② 時間単位で取得することができる年休の日数（5日以内に限る）
③ 時間単位で年休を取得する場合の，年休1日当たりの時間数

---

(3) 平成21年5月29日付基発0529001号。

④　取得単位を1時間以外で設定する場合は，その時間数

また，休暇に関する事項は就業規則の絶対的必要記載事項なので（労基法89条1号），労使協定に合わせて，就業規則の改正も行う必要があります。

一部の私立学校で，労使協定や就業規則の根拠条文なしに時間単位での年休取得を認める事例がありますが，適切な運用とはいえません。労使協定がない状態での時間単位での年休取得は労基法違反となるおそれがあるため，速やかに労使協定を締結するべきでしょう。

4　　時間単位年休については，今回の法改正による変更はありません。

5　　時間単位年休に関する労使協定の作成例と，就業規則の条文の作成例は，次のとおりです。

≪時間単位年休に関する労使協定の作成例≫

時間単位での年次有給休暇取得に関する協定書

学校法人○○学園（以下，「学園」という。）と，○○大学の教職員の過半数を代表する者は，時間単位での年次有給休暇（以下，「年休」という。）の取得について，次のとおり協定する。

第1条　この協定は，○○大学の教職員のうち，専任及び常勤の教職員に適用する。

第2条　前項の教職員は，この協定の定めるところにより，1時間を1単位として年休を取得することができる。

第3条　時間単位での年休取得は，1年度における年休のうち，5日分を限度とする。

第4条　時間単位で年休を取得する場合の，年休1日分に相当する時間数は，8時間とする。

第5条　時間単位で年休を取得した時間については，通常の賃金を支払う。

令和2年○○月○○日
　　　　　　　　　　学校法人○○学園　　　理事長　　×　×　×　×　　　印
　　　　　　　　　　○○大学　　　　　　　教職員代表　×　×　×　×　　　印

≪時間単位年休に関する就業規則の条文の作成例≫

第○○条　労働基準法第39条第4項に基づく労使協定を締結したときは，教職員は，1時間を単位として年次有給休暇を取得することができる。
2　時間単位の年次有給休暇に関しては，前項のほか，労使協定の定めるところによる。

○労基法

第39条
4　使用者は，当該事業場に，労働者の過半数で組織する労働組合があるときはその労働組合，労働者の過半数で組織する労働組合がないときは労働者の過半数を代表する者との書面による協定により，次に掲げる事項を定めた場合において，第1号に掲げる労働者の範囲に属する労働者が有給休暇を時間を単位として請求したときは，前3項の規定による有給休暇の日数のうち第2号に掲げる日数については，これらの規定にかかわらず，当該協定で定めるところにより時間を単位として有給休暇を与えることができる。
　一　時間を単位として有給休暇を与えることができることとされる労働者の範囲

　二　時間を単位として与えることができることとされる有給休暇の日数（5日以内に限る。）
　三　その他厚生労働省令で定める事項

○労基規則

第24条の4　法第39条第4項第3号の厚生労働省令で定める事項は，次に掲げるものとする。
　一　時間を単位として与えることができることとされる有給休暇1日の時間数（1日の所定労働時間数（日によつて所定労働時間数が異なる場合には，1年間における1日平均所定労働時間数。次号において同じ。）を下回らないものとする。）
　二　1時間以外の時間を単位として有給休暇を与えることとする場合には，その時間数（1日の所定労働時間数に満たないものとする。）

計画年休とは，どのような制度ですか。

1 年休の取得時季は，教職員の請求によって特定することが原則ですが，労使協定を締結することで，労使協定に定めた時季に計画的に取得させることができます（労基法39条6項）。計画年休とか，年休の計画的付与と呼ばれる制度です。

2 労使協定によって計画的に取得させることができる年休の日数は，個々の教職員に付与されている日数のうち，5日を超える部分に限られます。教職員が自由に使える年休を，最低5日は留保しておかなければならないということです。

計画的付与の方法は，①事業場全体での一斉休暇，②グループごとの交替制，③シフト表による個人別休暇のいずれも可能です[4]。学校で使いやすいのは，事業場全体での一斉休暇方式でしょう。夏休みの期間中などに1週間程度の学校休業日を設け，教職員全員に年休を取得させることが考えられます。

3 労使協定によって年休日が指定された場合，個々の教職員は，計画年休による年休取得を拒むことはできません[5]。個人の希望より労使協定の定めが優先されるという点で，強力な法律効果を持つ制度といえます。

例えば，年5日分を計画年休としている学校において，年12日の年休を付与されている教職員が自由に使える年休は，年7日です。

労使協定による年休日の指定に対して，学校法人が時季変更権を行使するこ

---

(4) 昭和63年1月1日付基発1号。
(5) 福岡高裁平成6年3月24日判決・労働関係民事裁判例集45巻1・2号123頁（三菱重工業長崎造船所事件）。

とはできません⁽⁶⁾。年休日の変更が必要になる可能性があれば，労使協定の中に，変更の手続きを定めておくべきでしょう。

4　計画年休については，働き方改革法による改正はありません。

従前，私立学校ではあまり用いられていなかった制度ですが，5日分の年休の義務的付与に対応する方法の1つとして，新たに導入する私立学校が多いようです。

○**労基法**

第39条
6　使用者は，当該事業場に，労働者の過半数で組織する労働組合がある場合においてはその労働組合，労働者の過半数で組織する労働組合がない場合においては労働者の過半数を代表する者との書面による協定により，第1項から第3項までの規定による有給休暇を与える時季に関する定めをしたときは，これらの規定による有給休暇の日数のうち5日を超える部分については，前項の規定にかかわらず，その定めにより有給休暇を与えることができる。

---

(6)　昭和63年3月14日付基発150号。

Q39　年休に関する法改正の概要を教えてください。

1　働き方改革法により，1年に10日以上の年休を付与されている教職員については，毎年5日分，学校法人が時季指定をして年休を取得させなければならないこととなりました。

2　厚生労働省の「平成31年就労条件総合調査」によると，日本の年休取得率は，52.4％となっています。平成30年の同調査では51.1％，平成29年は49.4％だったので，微増傾向とはいえ，ほぼ変化がありません。通達では，正社員の約16％が年休を1日も取得しておらず，年休をほとんど取得していない労働者は長時間労働者の比率が高いことが指摘されています[7]。

　このような状況を前提に，年5日以上の年休取得が確実に進む仕組みとして，使用者による時季指定制度が導入されました。

3　改正労基法39条7項は，1年に10日以上年休を付与されている教職員については，学校法人は，毎年5日分の時季指定をして，年休を取得させなければならないとしています。

　本来，年休は教職員の権利なので，実際に取得するかどうかは個々の教職員の自由のはずですが，改正法は，年休を取得させる義務を学校法人に課した点に特徴があります。この点からは，教職員の自由を部分的に制約してでも年休取得を促進させるという意図が読み取れます。

4　改正労基法39条8項は，教職員の請求や計画年休によって年休を取得した日数は，義務的付与の5日から控除することとしています。つまり，

---

(7)　平成30年9月7日付基発0907第1号。

教職員による請求，計画年休，学校法人による時季指定，どの方法でもよいので，とにかく1年に5日は取得させよ，ということです。

　なお，今年度付与した年休でも，前年度から繰り越した年休でも，今年度に取得させた年休は，義務的付与の5日にカウントすることができます[8]。

5　時間単位年休によって取得させた年休は，義務的付与の5日にカウントすることができません。改正労基法39条7項は，「第1項から第3項までの規定による有給休暇」としており，時間単位年休の規定（労基法39条4項）を除外しているためです。

　1日単位（少なくとも半日単位）で年休を取得させなければ，教職員のリフレッシュを図るという制度目的が達成できないと考えられたものです。

6　学校法人による時季指定を行う際には，その時季について当該教職員の意見を聴かなければなりません。また，学校法人は，その意見を尊重するよう努めなければならないとされています（改正労基規則24条の6）。

7　学校法人は，年次有給休暇管理簿を作成し，年休取得の時季，日数，基準日等を教職員ごとに記録し，3年間保存しなければなりません（改正労基規則24条の7）。年次有給休暇管理簿は，単独で作成してもよいですし，労働者名簿又は賃金台帳と合わせて調製することでも差し支えありません[9]。

　なお，年次有給休暇管理簿は，労基法109条の「重要な書類」に該当しないとされているため，作成していなかったり，不備があったりする場合でも，刑罰規定（労基法120条1号）は適用されません[10]。

---

(8)　平成30年12月28日付基発1228第15号。
(9)　平成30年9月7日付基発0907第1号。
(10)　平成30年9月7日付基発0907第1号。

8　改正労基法39条7項違反については，30万円以下の罰金が定められています（労基法120条1号）。

○労基法39条7項〜8項

（年次有給休暇）
第39条
7　使用者は，第1項から第3項までの規定による有給休暇（これらの規定により使用者が与えなければならない有給休暇の日数が10労働日以上である労働者に係るものに限る。以下この項及び次項において同じ。）の日数のうち5日については，基準日（継続勤務した期間を6箇月経過日から1年ごとに区分した各期間（最後に1年未満の期間を生じたときは，当該期間）の初日をいう。以下この項において同じ。）から1年以内の期間に，労働者ごとにその時季を定めることにより与えなければならない。ただし，第1項から第3項までの規定による有給休暇を当該有給休暇に係る基準日より前の日から与えることとしたときは，厚生労働省令で定めるところにより，労働者ごとにその時季を定めることにより与えなければならない。
8　前項の規定にかかわらず，第5項又は第6項の規定により第1項から第3項までの規定による有給休暇を与えた場合においては，当該与えた有給休暇の日数（当該日数が5日を超える場合には，5日とする。）分については，時季を定めることにより与えることを要しない。

○労基規則

第24条の6　使用者は，法第39条第7項の規定により労働者に有給休暇を時季を定めることにより与えるに当たつては，あらかじめ，同項の規定により当該有給休暇を与えることを当該労働者に明らかにした上で，その時季について当該労働者の意見を聴かなければならない。
2　使用者は，前項の規定により聴取した意見を尊重するよう努めなければならない。
第24条の7　使用者は，法第39条第5項から第7項までの規定により有給休暇を与えたときは，時季，日数及び基準日（第一基準日及び第二基準日を含む。）を労働者ごとに明らかにした書類（第55条の2において「年次有給休暇管理簿」という。）を作成し，当該有給休暇を与えた期間中及び当該期間の満了後3年間保存しなければならない。

研修日と年次有給休暇

　私立学校では，教員について，週1日程度の「研修日」を設けているところがあります。研修日には登校を要しないので，現場では休暇又は休日だと認識されていることもあるようです。

　年休の義務的付与に対応するために，研修日を年休扱いにできないか，という法律相談を受けることがあります。まず研修日の定義を確認する必要がありますが，おそらく，就業規則等では，休暇や休日の条文には記載されていないはずです。そうすると，研修日は，自宅で自由に過ごしてよい日ではなく，自己研鑽などの研修（＝労働）を命じられている日と解されます。

　この理解を前提にすると，研修日に年休を指定することは可能と考えられます。登校を要しないという点で変わりはないのですが，年休日になることで，自宅での研修を免除されるということです。

Q40 年休の義務的付与の対象になるのは，どのような教職員ですか。

1 学校法人が雇用する教職員のうち，年10日以上の年休を付与されている者が義務的付与の対象となります。

2 専任教職員や常勤職の教職員は，全労働日の8割以上出勤していれば，勤続6か月で10日の年休が付与されるため（労基法39条1項），義務的付与の対象となります。

非常勤の教職員であっても，次のいずれかに該当する者は，義務的付与の対象となります。Q36で解説したとおり，年休の付与日数が10日以上となるためです。

① 1週の所定労働時間が30時間以上の者
② 所定労働日数が週4日（又は1年の所定労働日数が216日）を超える者
③ 勤続3年6か月以上で，かつ，今年度の所定労働日数が週4日（又は1年の所定労働日数が169日〜216日）の者
④ 勤続5年6か月以上で，かつ，今年度の所定労働日数が週3日（又は1年の所定労働日数が121日〜168日）の者

3 非常勤の教職員のうち，上記①〜④に該当しない者でも，前年度からの繰越分を含めると年休日数が10日以上になることがありますが，義務的付与の対象にはなりません。年10日以上の年休を付与されているか否かを判断する際には，前年度からの繰越分は考慮しないためです[11]。

今年度付与される年休が10日以上の者が，義務的付与の対象になると理解しておけばよいでしょう。

---

(11) 平成30年12月28日付基発1228第15号。

4　　非常勤の教職員に対し，法定の日数を超える日数の年休を付与している学校法人があります。このような学校でも，義務的付与の対象になるのは，上記①〜④のいずれかに該当する者に限られます[12]。年休の義務の付与の対象になるか否かは，労基法上付与される年休日数を基準に判断するためです。

5　　年休が付与されるのは，前年度の出勤率が8割以上の者に限られます（労基法39条1項）。私傷病等によって前年度の出勤率が8割未満となった者は，今年度の年休付与日数はゼロであるため，義務的付与の対象にはなりません。

　なお，出勤率の算定の際は，業務上の傷病による療養のための休業，育児休業，介護休業，産前産後休業の期間は，出勤したものと扱われます（労基法39条10項）。年休を取得した日も，同様です[13]。

6　　学校法人によっては，慶弔休暇，夏季休暇，年末年始休暇等，労基法所定の年次有給休暇とは別の有給休暇を設けていることがあります。

　年休とは異なる休暇なので，年10日以上の年休を付与されているか否かの判断において，これらの有給休暇の日数を考慮する必要はありません。

7　　産前産後休業，育児・介護休業等によって，年度を通じて1日も出勤しない教職員は，義務的付与の対象になりません。もともと労働日がないので，休暇の概念を挟む余地がないためです。

　これに対し，基準日から1年以内の期間の途中に休業から復帰した場合には，5日分の年休を取得させる義務が生じます。ただし，残りの期間における労働日が5日未満であるなど，5日分を取得させることが不可能な場合は，この限

---

(12)　厚生労働省Q＆A（平成30年4月）A3-27。
(13)　昭和22年9月13日付発基17号。

りでないとされています(14)。

8 　派遣労働者については，派遣元が，年休の時季指定を行うこととされ
　　ています(15)。

　派遣労働者を受け入れている学校法人では，派遣会社が適切に時季指定を
行っていることを確認しておけば十分でしょう。

---

(14)　平成30年12月28日付基発1228第15号。

(15)　厚生労働省Q&A（平成31年4月）A3-29。

いつからいつまでに，５日の年休を取得させればよいのですか。

1 原則として，10日以上の年休を付与された日から１年以内の期間に，５日の年休を取得させなければなりません。改正法では，いくつかのパターンが用意されています。

2 まず，労基法どおりに勤続６か月の時点で10日の年休を付与している学校法人では，勤続６か月の日を基準日として，基準日から１年以内に５日取得させなければなりません（労基法39条７項）。【図１】のように，４月１日に採用した教職員には，その年の10月１日から翌年の９月30日までの１年間に５日取得させることとなります。

　その後は，勤続１年６か月の日から１年以内，勤続２年６か月の日から１年以内という風にして，毎年の基準日から１年以内に５日取得させることとなります。

【図１】

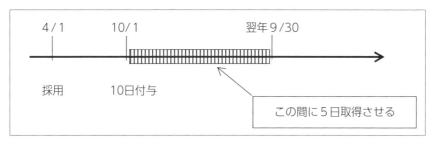

3 次に，勤続６か月より前倒しで年休付与をしている場合には，付与日数が10日に達した日が基準日となります。例えば，採用と同時に10日の年休を付与する取扱いであれば，採用日が基準日となります。【図２】のよう

に，4月1日の採用と同時に10日の年休を付与する場合には，翌年3月31日までに5日取得させることとなります（労基規則24条の5第1項）。

2年目以降は，毎年4月1日から翌年3月31日の1年間に，5日取得させればよいとされています（労基規則24条の5第3項）。

【図2】

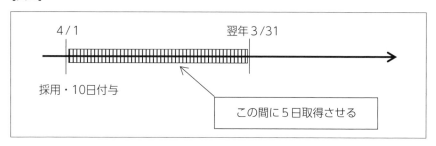

4/1　　　　　　　　　　　　翌年3/31

採用・10日付与

この間に5日取得させる

4 　少数ですが，【図3】のように，4月1日の採用時に5日，10月1日に5日付与する学校法人があります。10日以上の年休を付与された日を基準日と考えるので，この場合，10月1日が基準日となり，翌年9月30日までに5日取得させることとなります。ただし，初年度の4月1日から9月30日の間に取得した年休も，義務的付与の5日にカウントしてよいとされています（改正労基規則24条の5第4項）。

2年目以降は，毎年10月1日から翌年9月30日の1年間に5日取得させることとなります（改正労基規則24条の5第3項）。

【図3】

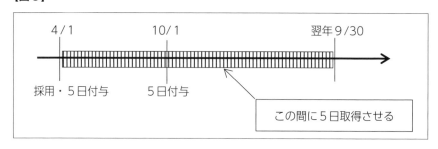

4/1　　　　　　10/1　　　　　　　翌年9/30

採用・5日付与　　　5日付与

この間に5日取得させる

5　採用初年度のみ労基法どおりに年休を付与し，2年目以降は4月1日を年休付与日とする学校法人もあります。【図4】のように，4月1日の採用時には年休を付与せず，10月1日に10日付与し，翌年4月1日に11日を付与するという取扱いです。

　初年度の10月1日が基準日（第一基準日）となるのですが，翌年4月1日も基準日（第二基準日）となるため，1年間の期間に重複が生じます。このような場合，次の2つの方法をとることができます（改正労基規則24条の5第2項）。②の方法はややこしく見えますが，要するに，1.5年間に，1.5年分（7.5日）取得させれば良いということです[(16)]。

　①　第一基準日からの1年間に5日，第二基準日からの1年間に5日，それぞれ取得させる方法
　②　第一基準日の初日から第二基準日の末日までの期間（履行期間）の月数を12で割り，その数を5倍にした日数の年休を，履行期間内に取得させる方法

　その後は，毎年4月1日から翌年3月31日の1年間に5日取得させればよい

【図4】

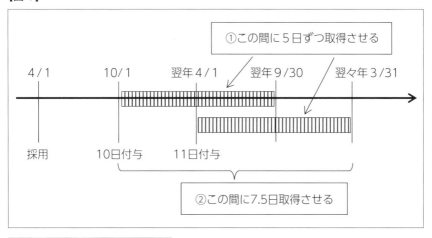

――――――――――――
(16)　1日未満の端数が出た場合，半日単位で取得させるか，切り上げることとなります。

とされています（改正労基規則24条の5第3項）。

6　なお，学校法人から教職員への時季指定の通知は，期首に限らず，いつ行ってもよいとされています[17]。

○労基法

（年次有給休暇）
第39条
7　使用者は，第1項から第3項までの規定による有給休暇（これらの規定により使用者が与えなければならない有給休暇の日数が10労働日以上である労働者に係るものに限る。以下この項及び次項において同じ。）の日数のうち5日については，基準日（継続勤務した期間を6箇月経過日から1年ごとに区分した各期間（最後に1年未満の期間を生じたときは，当該期間）の初日をいう。以下この項において同じ。）から1年以内の期間に，労働者ごとにその時季を定めることにより与えなければならない。ただし，第1項から第3項までの規定による有給休暇を当該有給休暇に係る基準日より前の日から与えることとしたときは，厚生労働省令で定めるところにより，労働者ごとにその時季を定めることにより与えなければならない。

○労基規則

第24条の5　使用者は，法第39条第7項ただし書の規定により同条第1項から第3項までの規定による10労働日以上の有給休暇を与えることとしたときは，当該有給休暇の日数のうち5日については，基準日（同条第7項の基準日をいう。以下この条において同じ。）より前の日であつて，10労働日以上の有給休暇を与えることとした日（以下この条及び第24条の7において「第一基準日」という。）から1年以内の期間に，その時季を定めることにより与えなければならない。
2　前項の規定にかかわらず，使用者が法第39条第1項から第3項までの規定による10労働日以上の有給休暇を基準日又は第一基準日に与えることとし，かつ，当該基準日又は第一基準日から1年以内の特定の日（以下この条及び第24条の7において「第二基準日」という。）に新たに10労働日以上の有給休暇を与える

(17)　平成30年12月28日付基発1228第15号。

こととしたときは，履行期間（基準日又は第一基準日を始期として，第二基準日から1年を経過する日を終期とする期間をいう。以下この条において同じ。）の月数を12で除した数に5を乗じた日数について，当該履行期間中に，その時季を定めることにより与えることができる。

3　第1項の期間又は前項の履行期間が経過した場合においては，その経過した日から1年ごとに区分した各期間（最後に1年未満の期間を生じたときは，当該期間）の初日を基準日とみなして法第39条第7項本文の規定を適用する。

4　使用者が法第39条第1項から第3項までの規定による有給休暇のうち10労働日未満の日数について基準日以前の日（以下この項において「特定日」という。）に与えることとした場合において，特定日が複数あるときは，当該10労働日未満の日数が合わせて10労働日以上になる日までの間の特定日のうち最も遅い日を第一基準日とみなして前3項の規定を適用する。この場合において，第一基準日とみなされた日より前に，同条第5項又は第6項の規定により与えた有給休暇の日数分については，時季を定めることにより与えることを要しない。

第24条の6　使用者は，法第39条第7項の規定により労働者に有給休暇を時季を定めることにより与えるに当たつては，あらかじめ，同項の規定により当該有給休暇を与えることを当該労働者に明らかにした上で，その時季について当該労働者の意見を聴かなければならない。

2　使用者は，前項の規定により聴取した意見を尊重するよう努めなければならない。

第24条の7　使用者は，法第39条第5項から第7項までの規定により有給休暇を与えたときは，時季，日数及び基準日（第一基準日及び第二基準日を含む。）を労働者ごとに明らかにした書類（第55条の2において「年次有給休暇管理簿」という。）を作成し，当該有給休暇を与えた期間中及び当該期間の満了後3年間保存しなければならない。

教職員は，学校法人による時季指定を拒むことはできないのですか。

1 改正法に基づいて学校法人が年休日を指定した場合，教職員が年休取得を拒否することはできません。

2 年休は，労基法や就業規則に従って所定の日数が付与された時点では，何の法律効果も持ちません。教職員による時季指定や労使協定に基づく計画的付与によって具体的な時季が特定された時点で，その日の労働義務がなくなるという法律効果が生じます。

　この点は，改正法に基づいて学校法人が時季指定をした場合も，同様と解されます。学校法人による時季指定が行われると，その日の労働義務がなくなることが確定します。教職員から学校法人に対して，就労させるよう求める法的権利はないので，いったん年休日として指定された日を，教職員の意思で労働日に戻すことはできません。

　通達でも，使用者が指定した時季について，労働者が変更することはできないとされています(18)。

3 教職員が学校法人による時季指定に従わず，年休日に登校してきた場合の対応は，悩ましい問題です。

　学校内への立ち入りを認めると，年休日に労働をさせているという疑義を生じ，年休付与義務違反になるおそれがあります。年休日には登校しないようあらかじめ説明しておくとともに，登校してきた場合には，速やかに帰宅させることが適切です。

　厚生労働省のＱ＆Ａにおいても，使用者が5日分の年次有給休暇の時季指定

---

(18)　平成30年12月28日付基発1228第15号。

をしただけでは足りず，実際に年次有給休暇を取得していなければ，労基法違反として取り扱う旨が述べられています[19]。

4　なお，計画年休制度を利用して，教職員全員に同一日程で年休を付与し，学校休業日とする方法を取れば，上記**3**のような事態を避けることができます。詳細は，Q38，Q45，Q46で解説します。

---

[19]　厚生労働省Ｑ＆Ａ（平成31年４月）A3-20。

Q43 学校法人が指定した年休日を，後から変更することはできますか。

1 　労基法及び労基規則には，学校法人が指定した年休日を変更する方法は定められていませんが，通達には，事後的に変更する手続が記載されています。

2 　教職員からの請求によって年休の時季指定がされた場合，事業の正常な運営を妨げるときは，学校法人は，時季変更権を行使することで，年休の時季を変更させることができます（労基法39条5項但書）。

　時季変更権は，教職員の請求による時季指定に対する抗弁権と解されています。したがって，改正法に基づいて学校法人が時季指定をした場合，時季変更権によって年休日を変更することはできません。

　このほか，労基法及び労基規則には，学校法人が指定した年休日の変更に関する定めは置かれていないため，変更はできないと考えることが素直だといえそうです。

3 　ところが，通達では，使用者が労基規則24条の6に基づく意見聴取の手続を再度行い，その意見を尊重することによって変更することは可能である，とされています[20]。

　法令に書かれていないルールを通達で創設することに疑問がないわけではないですが，実務的には，通達の見解に従っておけば十分でしょう。

4 　学校法人が年休の時季指定をする際には，教職員から個別に意見を聴取し（労基規則24条の6），その希望に沿った時季指定となるよう，聴取

---

[20]　平成30年12月28日付基発1228第15号。

した意見を尊重するよう努めなければならないとされています[21]。

　教職員の希望に沿った時季指定を行うのであれば，教職員の請求による時季指定（労基法39条5項本文）の形をとることをお勧めします。この形式であれば，事業の正常な運営を妨げる場合には時季変更権を行使することが可能です。また，時季変更権を行使する際に，再度の意見聴取が義務付けられることはないので，事務的な負担を小さくすることができます。

5　学校法人が5日分の時季指定をした後に，教職員の請求によって別途5日分の年休が取得された場合でも，学校法人が行った時季指定が無効になるものではありません[22]。例えば，年度初めに，学校法人が8月1日〜5日の5日間を年休日に指定した場合，教職員が7月末までに5日分の年休を取得したとしても，8月1日〜5日が年休日であることに変わりはありません。

○労基法

第39条
5　使用者は，前各項の規定による有給休暇を労働者の請求する時季に与えなければならない。ただし，請求された時季に有給休暇を与えることが事業の正常な運営を妨げる場合においては，他の時季にこれを与えることができる。
7　使用者は，第1項から第3項までの規定による有給休暇（これらの規定により使用者が与えなければならない有給休暇の日数が10労働日以上である労働者に係るものに限る。以下この項及び次項において同じ。）の日数のうち5日については，基準日（継続勤務した期間を6箇月経過日から1年ごとに区分した各期間（最後に1年未満の期間を生じたときは，当該期間）の初日をいう。以下この項において同じ。）から1年以内の期間に，労働者ごとにその時季を定めることにより与えなければならない。ただし，第1項から第3項までの規定による有給休暇を当該有給休暇に係る基準日より前の日から与えることとしたときは，厚生労働省令で定めるところにより，労働者ごとにその時季を定めることにより与えなければならない。

---

(21)　平成30年9月7日付基発0907第1号。
(22)　平成30年12月28日付基発1228第15号。

○労基規則

第24条の6　使用者は，法第39条第7項の規定により労働者に有給休暇を時季を定めることにより与えるに当たつては，あらかじめ，同項の規定により当該有給休暇を与えることを当該労働者に明らかにした上で，その時季について当該労働者の意見を聴かなければならない。

1 　非常勤講師であっても，今年度の年休付与日数が10日以上の者は，年休の義務的付与の対象になります。

2 　Q36，Q40で解説したとおり，非常勤講師も，所定労働時間，所定労働日数，勤続年数，出勤率によっては，年休の付与日数が10日以上になることがあります。週5日以上勤務している者，所定労働時間が週30時間以上の者のほか，下の表の網掛けの部分に該当すると，年休の義務的付与の対象となります。

　ただし，非常勤講師の年休の付与日数を算定する際には，どのような内容で契約をしているのか，個別に検討する必要があります。

週所定労働日数	4日	3日	2日	1日
年所定労働日数	169日～216日	121日～168日	73日～120日	48日～72日
6か月	7日	5日	3日	1日
1年6か月	8日	6日	4日	2日
2年6か月	9日	6日	4日	2日
3年6か月	**10日**	8日	5日	2日
4年6か月	**12日**	9日	6日	3日
5年6か月	**13日**	**10日**	6日	3日
6年6か月	**15日**	**11日**	7日	3日

（継続勤務期間）

3 　有期雇用契約で勤務する教職員の勤続年数の算定は，契約の形式ではなく，実質から判断します。

　契約期間を毎年4月1日から翌年3月20日までとするなど，若干の空白期間を設けている学校法人もありますが，短期間の空白があるだけでは勤務が途切れたとはいえず，実質的には継続勤務といえるので，前年度までの契約期間も

継続勤務に算入することとなります。

　また，専任教員が定年退職後に非常勤講師として勤務する場合や，常勤講師から非常勤講師に職種変更した場合などにも，前年度までの勤務年数を通算して継続勤務期間を判断します[23]。

4　非常勤講師の所定労働日数を判断する際には，専任又は常勤の教職員とは異なる注意点があります。

　まず，非常勤講師の所定労働日数は，毎年変動しうる点が挙げられます。年休付与日数を算定する際は，前年度ではなく，今年度の所定労働日数を基準とします[24]。例えば，前年度は週3日勤務だったが今年度は週1日勤務という場合，所定労働日数は週1日として年休付与日数を算定することとなります。

　次に，春学期の授業担当は週2日だが秋学期は週3日になるというように，学期によって所定労働日数が異なることがあります。このような場合は，年間の所定労働日数をもとに，年休の付与日数を算定します。

　なお，年休の付与日数は，勤続6か月経過日等の基準日時点で確定するため，年度の途中で所定労働日数に変更があっても，年休の付与日数に増減は生じません[25]。

5　個々の非常勤講師の所定労働日数を判断する際には，雇用契約の解釈が必要となります。私立学校の非常勤講師の雇用契約は，次の2つのパターンが主流です。

　①　月給制で，授業がない期間にも，授業期間中と同額の給与が支払われる契約。多くの場合，契約期間は6か月又は1年間。

　②　時間単価制で，実際に授業をした回数に応じて給与が支払われる契約。授業がない期間の給与支払いはない。契約期間はさまざま。

[23]　昭和63年3月14日付基発150号。
[24]　厚労省労働基準局編『平成22年度版労働基準上』（労務行政，平成23年）602頁。
[25]　昭和63年3月14日付基発150号。

　私見ですが，①の契約では，夏休み等の授業がない期間にも労働日が設定されていると解されます。そうでなければ，学期中と同額の給与が支払われている理由が説明できないためです。夏休み等には，特に用務があるときのみ登校すればよいとして，自宅待機が命じられていると考えられます[26]。したがって，所定労働日数を判断する際には，授業がない期間中の労働日もカウントすることとなります。

　これに対し，②の契約では，授業がない期間に労働日が設定されていないことは明らかです。したがって，1年間を通じて出勤を要する日数を数えて，年所定労働日数をもとに年休付与日数を算定することとなります。

6　年10日以上の年休を付与される非常勤講師には，改正法に従って年5日の年休を取得させなければならないのですが，特に上記②の契約では，難解な事態を生じます。大学の非常勤講師を例にして検討してみます。

　多くの大学では，1回90分の授業を15回行うことで単位認定をしています。非常勤講師が年休を取得すると，その日の授業は休講となりますが，授業の回数が足りなくなるため，別途補講を行ってもらうこととなります。休講にした日は有給で処理し，補講の分の給与は追加で支給するので，非常勤講師の労働日数と労働時間は変わらず，その代わりに給与が増えるという，年休制度が予定しない帰結が導かれます。

7　これに対し，上記①の契約の場合，授業がない期間の労働日を年休に指定することで，授業に影響を及ぼすことなく，5日分の年休を取得させることが可能です。もっとも，非常勤講師から個別に意見聴取を行う必要があるなど，事務的な負担を生じます。

　過半数組合又は過半数代表者と労使協定を締結できる環境にある学校法人では，計画年休によって一斉に年休を取得させる方法が簡便です。計画年休によ

[26]　このほか，夏休み等の登校していない日は，出勤率の算定において出勤した日にカウントしないという取扱いも，検討の余地があります。

る対応は，Q38，Q45，Q46で解説します。

Q45 年休に関する改正法に対応するために，私立学校ではどのような対策が必要ですか。

1 　まず，教職員の大半が毎年5日以上年休を取得している場合は，これまでと同様に，年休を取得しやすい環境を維持することが望まれます。

年度の途中で，年休の取得日数が少ない教職員と個別に面談し，年5日以上取得できるように年休日を決めれば十分です。時季指定の方法は，改正法に基づいて学校法人による指定を行っても良いのですが，教職員からの請求の形で取得してもらうことをお勧めします。年休日に学校行事の予定が入った場合などに，時季変更権（労基法39条5項但書）を行使することができるためです。

2 　次に，教職員の大半が，年5日以上年休を取得していない場合，対応の方法はいくつか考えられます。

通達では，年度当初に教職員の意見を聴いた上で年休取得計画表を作成し，これに基づいて学校法人が年休日を指定する方法が提案されていますが[27]，あまり現実的な方法とはいえません。多忙な教職員から個別に意見を聴くことは相当な事務的負担を生じますし，希望調査票のような文書を配布しても，相当数が未提出となることが予想されます。

過半数組合又は過半数代表者と労使協定を締結できる環境にあれば，計画年休によって年5日取得させる方法をお勧めします。この方法であれば，教職員から個別に意見を聴く必要はなく，個々の教職員の希望よりも計画年休による指定が優先されるため，確実に年5日の年休を取得させることができます。

計画年休の詳細は，Q38，Q46で解説しています。

---

[27]　平成30年9月7日付基発0907第1号。

3 　非常勤講師，アルバイト等の短時間労働者であっても，所定労働日数や勤続年数によっては，年休の付与日数が年10日以上となることがあります。

　基本的な対応は，上記**1**及び**2**と同じですが，毎日出勤しない職種なので，専任・常勤の教職員よりも，意見聴取がしにくくなります。また，非常勤講師については，Q44で述べたとおり，困難な問題を生じます。

　これらの問題点を考慮すると，非常勤講師，アルバイト等も計画年休の対象とすることで，年5日の年休取得をさせる方法が適切でしょう。

4 　多くの学校法人では，年休のほかに，夏季休暇，年末年始休暇等，全教職員に付与される有給休暇を設けています。学校業務の閑散期に年休を取得させようとしても，既に夏季休暇等が設定されているため，このような学校では年休の5日取得を達成することが困難となります。教職員が休暇を取りやすい体制を整えている学校ほど，改正法への対応が難しくなるというのは，不合理な状況です。

　そこで，夏季休暇を廃止し，夏季休暇と同じ日数だけ年休の日数を増やして，夏季に年休の時季指定をするという方法が思い当たります。通達は，このような方法は「法改正の趣旨に沿わない」とした上で，「就業規則を変更することにより特別休暇を年次有給休暇に振り替えた後の要件・効果が労働者にとって不利益と認められる場合は，就業規則の不利益変更法理に照らして合理的なものである必要があります。」というのですが，違法であるとは述べていません。加えて，休暇の日数は減っていないのですから，労働条件の不利益変更の問題にする通達の説明は，議論のすり替えです。法律と異なる内容を通達で強制しようとする点には，疑問が残ります。

5 　休暇に関する事項は，就業規則の絶対的必要記載事項です（労基法89条1号）。したがって，改正労基法どおりに学校法人が時季指定をする場合でも，就業規則に時季指定の根拠条文を追加しなければなりません[(28)]。

　おそらく，ほぼ全ての学校法人で就業規則改正が必要になると思われます。例えば，次のような条文を追加することが考えられます。

≪年休の義務的付与に対応する就業規則の条文の作成例≫

> （年次有給休暇の指定）
> 第○条　学園は，年次有給休暇のうち５日については，付与日から１年以内の期間に時季を定めることにより与えるものとする。ただし，教職員が第○条第○項の定めによって取得した日数分については，学園が時季を指定することにより与えることを要しない。

　なお，非常勤講師やアルバイト等の就業規則では，年休について，「年次有給休暇に関する事項は，労働基準法その他の法令の定めに従う。」とだけ定めていることがあります。このような定め方であれば，就業規則の改正は不要です。

6　改正法では，年次有給休暇管理簿の作成が義務付けられています。単独の帳簿を作成する方法，労働者名簿又は賃金台帳と合わせて調製する方法，どちらでも構いません。

　なお，派遣労働者については，派遣元で年次有給休暇の時季指定や年次有給休暇管理簿の作成を行うこととされています[29]。

⑵⑻　厚生労働省Q＆A（平成31年４月）A3-29。
⑵⑼　平成30年12月28日付基発1228第15号。

それでも私は働きたい

　年休の義務的付与に関する法律相談の中には，年休に指定した日に教職員が登校してきたらどう対応すればよいか，というものがあります。教育に対する熱意からか，休むことを良しとしない教職員は少なくないようです。

　年休日には一切の労働から解放されている必要があるため，職員室や教室等に入ることを認めると，労働をさせていた（＝年休を与えていない）という疑いを招きます。年休日に登校してきた教職員には，学校内への立ち入りを認めず帰宅してもらうべきでしょう。

　このような事態を避けるためには，学校法人による時季指定や計画年休によって，全教職員が一斉に年休を取得する期間を設け，学校休業日とするのが良いでしょう。

計画年休に関する労使協定のひな型はありますか。

1　計画年休制度を導入するには，労使協定を締結し，就業規則を改正する必要があります。まず，労使協定は，次のような内容で締結することが考えられます。

≪計画年休に関する労使協定の作成例≫

年次有給休暇の計画的付与に関する協定書

　学校法人○○学園（以下，「学園」という。）と，学園の教職員の過半数を代表する者は，年次有給休暇の計画的付与について，次のとおり協定する。

第1条　学園の教職員が有する令和2年度の年次有給休暇のうち，5日については，令和2年8月3日から8月7日に取得するものとする。

第2条　令和2年度の年次有給休暇の日数から5日を控除した日数が5日未満の教職員については，不足する日数の限度で，前条の期間中に特別休暇を与えるものとする。

令和2年○○月○○日

　　　　　　　　　学校法人○○学園　　理事長　　×　×　×　×　　印
　　　　　　　　　学校法人○○学園　　教職員代表　×　×　×　×　　印

2　この作成例は，令和2年8月3日〜7日を学校休業日として，全教職員に年休を取得させる内容で作成しています。私立学校では，学生・生徒の夏休み期間中は比較的業務が少ないため，この時期に年休を5日取得して

もらうこととしています。

3 　計画年休を用いる場合，教職員には，自由に指定できる年休を5日以上留保しなければなりません（労基法39条6項）。

　非常勤の教職員には，年休日数が10日未満の者もいます。8月3日～7日の5日間を年休日にすると，年休日数が足りなくなる場合があるため，第2条では，このような教職員に対して特別休暇を付与することで，全教職員を休ませることとしています。例えば，年休の付与日数が8日の教職員については，計画的付与によって取得させられる日数は3日までなので，特別休暇を2日付与することとなります。

　なお，通達では，計画年休による一斉休業の場合に年休の権利がない者を休業させるためには，労基法26条に基づき平均賃金の6割の休業手当を支払わなければならないとするものと，年休付与日数を増やすなどの措置をとることが必要とするものがあります[30]。

4 　休暇に関する事項は就業規則の絶対的必要記載事項なので（労基法89条1号），計画年休を導入する場合，就業規則に根拠条文を置く必要があります。

　次のような条文を就業規則に追加することが考えられます。

≪計画年休に関する就業規則の作成例≫

> （年次有給休暇の計画的付与）
> 第○○条　学園は，労働基準法第39条第6項に基づく労使協定を締結したときは，年次有給休暇のうち5日を超える部分については，労使協定の定めるところにより，計画的に付与するものとする。

---

(30)　昭和63年3月14日付基発150号，昭和61年1月1日付基発1号。

第6章

同一労働・同一賃金と不合理な
労働条件相違の禁止

Q47 同一労働・同一賃金とは，どのような考え方ですか。

1 本来，同一労働・同一賃金の原則とは，同じ業務に従事する労働者について，同一の賃金水準を適用し，労働量に応じて賃金を支払うべきという考え方です。これに対し昨今議論されているのは，異なる業務であっても同一価値の労働の提供に対しては同額の賃金が支払われるべきという考え方なので，同一価値労働・同一賃金と呼ぶ方が正確です。これらの考え方が我が国の法規範として採用されているか否かには議論がありますが，Q48において説明するように，従前のほとんどの裁判例では否定されてきました。

例えば，日本郵便逓送事件の大阪地裁判決では，一般に，期間雇用の臨時従業員について，正社員と異なる賃金体系によって雇用することは，契約自由の範疇であると述べられています[(1)]。

---

(1) 大阪地裁平成14年5月22日判決・労働判例830号22頁。なお，勤続年数や職務等が同一であることを前提に，賃金を正社員の8割以下とする部分を違法と判断したものとして，長野地裁上田支部平成8年3月15日判決・労働判例690号32頁（丸子警報器事件）がありますが，これに続く裁判例は見られません。

2 　裁判所がこのように判断してきた理由として，我が国における多くの
　　　企業の賃金の決定方法が，職務の内容（業務の内容と責任の程度）を重
要な考慮要素にしていないという点が挙げられます。

　すなわち，賃金の決定方法には，提供される労働の価値を反映して決める
「職務給」，職務遂行能力を反映して決める「職能給」，勤続年数を反映して決
める「勤続給」，仕事の成果を反映して決める「成果給」などさまざまなもの
がありますが，同一労働・同一賃金の考え方はこのうち職務給の考え方に親和
的です。

　ところが，我が国の多くの企業は年功序列による賃金体系を基本としつつ，
そこに勤続年数，職能，成果等を考慮して賃金を決定してきたのであり，職務
給の考え方を中心に賃金が決められてきたわけではありません。多くの裁判例
は，このように同一労働・同一賃金の考え方が，我が国の多くの企業の賃金体
系になじまないという社会の実情に鑑みて，同一労働・同一賃金原則を我が国
の法規範としては存在しないと判断しています。

3 　同一労働・同一賃金の原則の手がかりになる法律として，労契法3条
　　　2項で，労働契約は「就業の実態に応じて，均衡を考慮しつつ締結」す
ると定められている点が指摘されることがあります。しかし，同項は抽象的な
理念を定めた規定であり，具体的な法律効果を伴う規定ではないと解されてい
ます[2]。この点は，労働者派遣法30条の3なども同様です。

○**労契法**

（労働契約の原則）
第3条
2　労働契約は，労働者及び使用者が，就業の実態に応じて，均衡を考慮しつつ
　締結し，又は変更すべきものとする。

---

(2)　菅野和夫『労働法〔第12版〕』（弘文堂，令和元年）152頁。

○労働者派遣法（改正前）

（均衡を考慮した待遇の確保）

第30条の3　派遣元事業主は，その雇用する派遣労働者の従事する業務と同種の業務に従事する派遣先に雇用される労働者の賃金水準との均衡を考慮しつつ，当該派遣労働者の従事する業務と同種の業務に従事する一般の労働者の賃金水準又は当該派遣労働者の職務の内容，職務の成果，意欲，能力若しくは経験等を勘案し，当該派遣労働者の賃金を決定するように配慮しなければならない。

2　派遣元事業主は，その雇用する派遣労働者の従事する業務と同種の業務に従事する派遣先に雇用される労働者との均衡を考慮しつつ，当該派遣労働者について，教育訓練及び福利厚生の実施その他当該派遣労働者の円滑な派遣就業の確保のために必要な措置を講ずるように配慮しなければならない。

Q48　同一労働・同一賃金について，従前の裁判例はどう判断してきたのですか。

1　従前の裁判例は，同一労働・同一賃金原則が一般的な法規範として存在することを否定してきました。

2　労契法20条，パート法8条及び9条が制定される前は，正規雇用の労働者と非正規雇用の労働者の間の賃金等の待遇格差を争うための，直接的な条文は存在しませんでした。労基法3条は社会的身分による差別を禁止していますが，有期雇用という雇用形態はそこでいう社会的身分には当たらないと解されています[3]。また，労基法4条は女性であることを理由とする賃金についての差別的取扱いを禁止していますが，同条は職務の同一性に着目した条文ではありません。

　このような背景の中で，労基法3条及び4条は同一労働・同一賃金原則の部分的な現れであり，その根底には同一労働同一賃金原則が一般的な法規範（公序）として存在するという解釈が主張されてきましたが，裁判所は当該解釈を採用しませんでした。

　私立学校に関する裁判例でも，本務職員と嘱託職員という雇用形態の相違は労基法3条の「社会的身分」に該当しないこと，同一労働同一賃金原則が公の秩序になっているとはいえないことが明言されています[4]。

3　民間企業の裁判例でも，同一労働同一賃金原則を否定するものが大半です。

　例えば，郵政省から委託され郵便局間の郵便物の運送及び郵便ポストなどか

[3]　宇都宮地裁昭和40年4月15日判決・判例タイムズ175号180頁，大阪高裁平成21年7月16日判決・労働判例1001号77頁。
[4]　東京地裁平成20年12月25日判決・労働判例981号13頁（立教女学院事件）。

らの取集業務を主な業務とする会社において，労働内容を同じくする正社員と臨時社員運転士との年収におおむね3割の格差があった事案において，我が国の多くの企業では賃金が労働内容だけでなく，年齢，勤続年数，職能資格，責任，成果，扶養家族の存在といったさまざまな要素により定められてきたこと等を理由に，「同一労働同一賃金の原則が一般的な法規範として存在しているとはいいがたいのであって，一般に，期間雇用の臨時従業員について，これを正社員と異なる賃金体系によって雇用することは，正社員と同様の労働を求める場合であっても，契約の自由の範疇であり，何ら違法ではないといわなければならない。」と述べたものがあります[5]。

　このほかに，一般論として，同一（価値）労働・同一賃金原則を一般的な法規範として認めることはできないとしつつ，許容できないほどの賃金格差が生じている場合には，均衡の理念に基づく公序違反として不法行為が成立する余地があるとした事案がありますが，結論として不法行為の成立は否定しています[6]。

4　労契法20条制定以前の裁判例で，おそらく唯一，損害賠償請求を認容した事例として，丸子警報器事件が挙げられます[7]。

　裁判所は，自動車用警報機等の製造販売会社で，労働内容を同じくする正社員と臨時社員との間の賃金格差が問題とされた事案において，「我が国の多くの企業においては，年功序列による賃金体系を基本とし，さらに職歴による賃金の加算や扶養家族手当の支給などさまざまな制度を設けてきたのであって，同一（価値）労働に単純に同一賃金を支給してきたわけではない」等の理由で，「同一（価値）労働同一賃金の原則が，労働関係を規律する一般的な法規範として存在していると認めることはできない。」としつつ，従事する職種・作業内容・勤務時間・日数が同一であり，勤務年数にも変わりがない場合，「2か

---

(5)　大阪地裁平成14年5月22日判決・労働判例830号22頁（日本郵便逓送事件）。
(6)　大阪高裁平成21年7月16日判決・労働判例1001号77頁（京都市女性協会事件）。
(7)　長野地裁上田支部平成8年3月15日判決・労働判例690号32頁。

月ごとの雇用期間の更新を形式的に繰り返すことにより，女性正社員との顕著な賃金格差を維持拡大しつつ長期間の雇用を継続したことは，…〔中略〕…同一（価値）労働同一賃金の原則の根底にある均等待遇の理念に違反する格差であり，…〔中略〕…公序良俗違反として違法となる」と判断し，損害賠償請求の可能性を肯定しました。その上で，同事案のもとにおいては，臨時社員の賃金が，同じ勤続年数の女性正社員の8割以下となるときは公序良俗違反として違法となるとしています。

　もっとも，丸子警報器事件に続く裁判例は見当たらず，同判決は先例として参照されていないと評価できます。

5　なお，働き方改革法による改正後のパート有期法9条は，短時間・有期雇用労働者の職務の内容（業務の内容及び責任の程度）と人材活用の仕組みが通常の労働者と同一である場合，短時間・有期雇用労働者であることを理由として，基本給，賞与その他の待遇のそれぞれについて，差別的取扱いをしてはならない旨を定めています。

　同条は，職務の内容と人材活用の仕組みが同一であることを要件に，通常の労働者と同一の待遇とすることを求めるものなので，同一労働・同一賃金を定めた条文ということができそうです。同条に違反した場合には，損害賠償を命じられることがあります[8]。

○パート有期法9条

（通常の労働者と同視すべき短時間労働者に対する差別的取扱いの禁止）
第9条　事業主は，職務の内容が当該事業所に雇用される通常の労働者と同一の短時間・有期雇用労働者…〔中略〕…であって，当該事業所における慣行その他の事情からみて，当該事業主との雇用関係が終了するまでの全期間において，その職務の内容及び配置が当該通常の労働者の職務の内容及び配置の変更の範

---

[8]　大分地裁平成25年12月10日判決・労働判例1090号44頁（ニヤクコーポレーション事件）。判決当時の条文は，パート法8条。

囲と同一の範囲で変更されることが見込まれるもの…〔中略〕…については，短時間・有期雇用労働者であることを理由として，基本給，賞与その他の待遇のそれぞれについて，差別的取扱いをしてはならない。

◆東京地裁平成20年12月25日判決（立教女学院事件）

「本務職員と嘱託職員という雇用形態は労働基準法3条の『社会的身分』に当たらないと考えられ，このような雇用形態の違いからその賃金面に差異が生じたとしても，同条に違反するということはできない。」

「我が国においては，未だ，長期雇用が予定されている労働者と短期雇用が予定されている有期雇用労働者との間に単純に同一労働同一賃金原則が適用されるとすることが公の秩序となっているとはいえない。」

「本務職員の場合には，長期雇用を前提に，配置換え等により種々の経験を重ね，将来幹部職員となることが期待されており，これを受け，その賃金体系についても，年功序列型賃金体系，すなわち，労働者の賃金がその従事した労働の質と量のみによって決定されるわけでなく，年齢，学歴，勤続年数，企業貢献度，労働者の勤労意欲の喚起等が考慮され，当該労働者に対する将来の期待を含めて決定されている以上，かかる観点から嘱託職員の賃金との間に一定の差異が生じることはやむを得ず，原告の主張するような差異，すなわち，期末手当の額の差異及び各種手当の有無による差異があるからといって公の秩序に反するということはできない。」

Q49 改正前の法律では，不合理な労働条件相違の禁止について，どのように定めているのですか。

1 労契法20条及びパート法8条に，不合理な労働条件相違の禁止に関する定めがあります。

2 平成25年4月1日に施行された労契法20条は，「有期雇用労働者」と「無期雇用労働者」との間の労働条件の相違について，不合理と認められるものであってはならないとしています。有期雇用労働者どうし，または無期雇用労働者どうしで労働条件に相違があるとしても，それは労契法20条の関知するところではありません。例えば，専任教員と無期転換常勤講師の労働条件に相違があるとしても，いずれも無期雇用労働者であるため，労契法20条は適用されません。

3 労契法20条は，労働条件が不合理であるか否かを判断する際には，①業務の内容及び責任の程度（2つを合わせて「職務の内容」といいます），②職務の内容及び配置の変更の範囲（＝人材活用の仕組み），③その他の事情を考慮するものとしています。

このうち，③の「その他の事情」として考慮されうる事情として，過去の労使交渉の状況や，有期労働契約を締結するに至った経緯などが挙げられます。

4 労契法20条は，職務の内容等の違いに応じた均衡のとれた処遇を求める規定であることから，バランスのとれた労働条件（均衡待遇）となっていればよく，有期雇用労働者の労働条件が低いというだけで直ちに「不合理」となるものではないと考えられます。

また，労契法20条は有期雇用労働者と無期雇用労働者の労働条件が「合理的であること」を要求するものではないため，「不合理とまではいえない」ので

あれば違法ではありません。換言すれば，合理的か不合理か即断できない場合には，違法ではないと判断することとなります。

5　　平成27年4月1日に施行されたパート法8条は，「短時間労働者」と「通常の労働者」との間の待遇の相違を対象としています。短時間労働者どうしで労働条件に差があるとしても，そこはパート法8条の関知するところではありません。

　パート法上の「短時間労働者」とは，1週間の所定労働時間が同一の事業所に雇用される通常の労働者の1週間の所定労働時間に比し短い労働者をいいます（パート法2条）。一般に，「通常の労働者」に当たるのは正規型の労働者や無期労働契約を締結しフルタイムで勤務している者を指すので，学校法人でいえば，専任教員や正職員のことを指すこととなります[9]。通常の労働者の1週間の所定労働時間が40時間の場合，非正規労働者の1週間の所定労働時間が39時間で通常の労働者と1時間しか違わないとしても「短時間労働者」に当たります。これに対し，育児短時間勤務等の職場の制度により一時的に短時間勤務になっている者は，パート法上の「短時間労働者」には当たりません。

6　　パート法8条は，労契法20条と同様に，労働条件が不合理であるか否かを判断する際には，①業務の内容及び責任の程度（2つを合わせて「職務の内容」といいます），②職務の内容及び配置の変更の範囲（＝人材活用の仕組み），③その他の事情を考慮するものとしています。

　短時間労働者と通常の労働者の労働条件がバランスが取れたもの（均衡待遇）であればよく，短時間労働者の労働条件が低いというだけで直ちに「不合理」となるものではない点や，不合理とまではいえないのであれば違法ではないと判断される点も，労契法20条と同様です。

---

(9)　平成31年1月30日付基発0130第1号等。

7 　上記のとおり，有期雇用労働者や短時間勤務労働者の労働条件が，無期雇用労働者や通常の労働者と比較して不合理と認められるものであってはならないという法律は，働き方改革法の成立以前に，既に存在していました。

　さまざまな媒体で，令和2年4月1日から「同一賃金・同一労働」の法律が施行されると報道されていますが，法的には，正確な報道とはいいにくいものです。

○労契法20条（改正前）

（期間の定めがあることによる不合理な労働条件の禁止）

第20条　有期労働契約を締結している労働者の労働契約の内容である労働条件が，期間の定めがあることにより同一の使用者と期間の定めのない労働契約を締結している労働者の労働契約の内容である労働条件と相違する場合においては，当該労働条件の相違は，労働者の業務の内容及び当該業務に伴う責任の程度（以下この条において「職務の内容」という。），当該職務の内容及び配置の変更の範囲その他の事情を考慮して，不合理と認められるものであってはならない。

○パート法8条（改正前）

（短時間労働者の待遇の原則）

第8条　事業主が，その雇用する短時間労働者の待遇を，当該事業所に雇用される通常の労働者の待遇と相違するものとする場合においては，当該待遇の相違は，当該短時間労働者及び通常の労働者の業務の内容及び当該業務に伴う責任の程度（以下「職務の内容」という。），当該職務の内容及び配置の変更の範囲その他の事情を考慮して，不合理と認められるものであってはならない。

私立学校でも，同一労働・同一賃金や不合理な労働条件相違の禁止が問題となるのですか。

1　私立学校でも，労契法20条やパート法8条の適用が問題となります。

2　労契法20条は，有期雇用労働者と無期雇用労働者の間の労働条件の相違に着目するので，業種を問わず，両者が存在する職場において問題となります。

　私立学校のうち，小学校・中学校・高等学校等では，常勤講師，非常勤講師，嘱託職員，契約職員，定年後の再雇用教職員など，多様な職種の教職員が勤務しています。また，大学の教員であれば，任期付教員，客員教員，特別任用教員，非常勤講師などの職種の教員が勤務しています。

　多くの場合，これらの職種の教職員は有期労働契約を締結しているので，その労働条件が，専任教員や正職員の労働条件と比較して不合理と認められるものだと，労契法20条違反となる可能性があります。

3　パート法8条は，短時間労働者と通常の労働者との間の労働条件の相違に着目するので，短時間労働者が存在する職場において問題となります。

　例えば，週に数コマ～十数コマの授業担当のみを職務とする非常勤講師は，専任教員よりも労働時間が短いため，短時間労働者に該当します。このほかにも，パートタイムの事務職員，学生アルバイト等が存在する場合には，不合理な労働条件相違の禁止が問題となり得ます。それらの教職員が有期雇用労働者にも該当する場合は，労契法20条の適用も問題となり得ます。

4　正確な統計はないのですが，私立学校では，有期雇用の教職員や短時間勤務の教職員の割合が増加傾向にあります。

　加えて，小学校・中学校・高等学校の常勤講師や，大学の任期付教員のように，専任教員と同じ労働時間で，同じような業務を担当する職種が少なくありません。民間企業と同等かそれ以上に，労契法20条やパート法8条の適用が問題となる業種といえるでしょう。

5　　働き方改革法による法改正で，従前の労契法20条とパート法8条の内容は，パート有期法8条に一本化されます。もっとも，不合理な労働条件と認められるか否かの基本的な枠組みに変わりはありません。詳細は，Q53で解説しています。

　なお，同一労働・同一賃金原則そのものは法規範として認められていないため（Q47，Q48参照），私立学校においても問題になることはないと考えられます。

Q51 ハマキョウレックス事件の最高裁判決について，ポイントを教えてください。

1　平成30年6月1日に，労契法20条に関する事案で，初めて最高裁の判決が言い渡されました。

　同日の判決は2件あるのですが，このうちハマキョウレックス事件に関する判決[10]では，労契法20条に関するいくつかの論点について，最高裁の考え方が示されました。

2　ハマキョウレックス事件は，一般貨物自動車運送事業等を目的とする株式会社で，有期雇用のトラック運転手（契約社員）として配送業務に従事していた原告が，同一の業務に従事する正社員との間の労働条件の相違が労契法20条に違反すると主張した事案です。原告は，諸手当等について正社員と同一の権利を有することの確認，未払賃金ないし損害賠償金の支払いなどを請求しました。

　この事案で，正社員と原告の間の労働条件の相違は，おおむね次の表のとおりです。正社員は，月給制で勤務地及び業務の限定なし，昇給・賞与・退職金あり，諸手当支給という労働条件です。これに対し，契約社員の労働条件は，時給制で勤務地及び業務内容の限定あり，昇給・賞与・退職金なし，諸手当は一部を除き不支給というものでした。典型的な正社員と非正社員の労働条件の相違といえるでしょう。

　この事案では，トラック運転手の業務の内容には，正社員と契約社員の間に相違はなく，当該業務に伴う責任の程度にも相違はなかったため，いわゆる同一労働の事案ととらえることが可能です。

　なお，通勤手当については，訴訟係属中に，契約社員にも正社員と同じ基準

---

[10]　最高裁平成30年6月1日判決・判例タイムズ1453号58頁。

を適用するように変更されたようです。

	正社員	原告（契約社員）
賃金	給与規程による月給制	時給1,150円～1,160円
通勤手当	1か月定期代（上限5万円）彦根市居住者は5,000円	実費（上限3,000円）
勤務場所	全国転勤あり	彦根支店
業務内容	限定なし	配車ドライバー
昇給	原則あり	原則なし
賞与	原則あり	原則なし
退職金	原則あり	原則なし
無事故手当	1万円	なし
作業手当	1万円～2万円（彦根支店は全員1万円）	なし
給食手当	3,500円	なし
住宅手当	21歳以下は5,000円，22歳以上は2万円	なし
皆勤手当	1万円	なし
家族手当	あり	なし

3 最高裁は，労契法20条に違反した場合の法律効果について，賃金の差額相当額の損害賠償金を支払う義務があるとしました。賃金としての支払いではないため，不払いについて労基法24条違反になることはなく，賃金の支払の確保等に関する法律6条1項によって年14.6％の遅延利息が加算されることもありません。

労契法20条に関する訴訟では，正社員と同様の労働条件を適用することや，未払賃金の支払いを求める事例が多かったのですが，最高裁は，労契法20条に違反したとしても，それにより有期雇用労働者の労働条件が正社員と同じになることはなく，未払賃金請求をすることはできないと判断しました。

4　　最高裁は，契約社員に諸手当が支給されていない点について，次のような判断の枠組みを示しました。

① 個々の手当について，支給されている趣旨を検討する

② その趣旨が，正社員と契約社員に共通するものか検討する

③ 正社員と契約社員に共通する趣旨であるにもかかわらず契約社員のみ不支給としている場合，不合理な労働条件相違と認める

その上で，個々の手当の支給内容に差があったことにつき，次のように判断しました。

手当の種類	手当の趣旨	結論
住宅手当	住宅に要する費用を補助するため	不合理でない
皆勤手当	出勤する運転手を一定数確保するため	不合理
無事故手当	優良ドライバーの育成や安全な輸送により顧客の信頼を獲得するため	不合理
作業手当	特定の作業を行った対価	不合理
給食手当	従業員の食事の費用を補助するため	不合理
通勤手当	通勤に要する交通費を填補するため	不合理

ここでは，私立学校でも支給が想定される住宅手当，皆勤手当，通勤手当について，手当を支給する趣旨と結論を紹介します。

まず，住宅手当については，正社員は，転居を伴う配転が予定されていることから住宅に要する費用が多額となり得るとして，正社員にだけ住宅費用の補助を行うことは不合理ではないと判断しました。

次に，皆勤手当については，出勤するトラック運転手を一定数確保する趣旨で支給されていることから，正社員と有期雇用労働者との間の職務内容等に違いがないのであれば，両者で支給の有無を分けることは不合理であると判断しました。

通勤手当については，「通勤に要する交通費を補填する趣旨で支給されるものであるところ，労働契約に期間の定めがあるか否かによって通勤に要する費用が異なるものではない。また，職務の内容及び配置の変更の範囲が異なるこ

とは，通勤に要する費用の多寡とは直接関連するものではない。」との理由で，正社員と有期雇用労働者との間で支給額に差を設けることは不合理であると判断しました。

◆最高裁平成30年６月１日判決（ハマキョウレックス事件）

「〔労契法20〕条の規定は私法上の効力を有するものと解するのが相当であり，有期労働契約のうち同条に違反する労働条件の相違を設ける部分は無効となるものと解される。

もっとも，…〔中略〕…同条は，有期契約労働者について無期契約労働者との職務の内容等の違いに応じた均衡のとれた処遇を求める規定であり，文言上も，両者の労働条件の相違が同条に違反する場合に，当該有期契約労働者の労働条件が比較の対象である無期契約労働者の労働条件と同一のものとなる旨を定めていない。

そうすると，有期契約労働者と無期契約労働者との労働条件の相違が同条に違反する場合であっても，同条の効力により当該有期契約労働者の労働条件が比較の対象である無期契約労働者の労働条件と同一のものとなるものではないと解するのが相当である。」

「両者の職務の内容に違いはないが，職務の内容及び配置の変更の範囲に関しては，正社員は，出向を含む全国規模の広域異動の可能性があるほか，等級役職制度が設けられており，職務遂行能力に見合う等級役職への格付けを通じて，将来，上告人の中核を担う人材として登用される可能性があるのに対し，契約社員は，就業場所の変更や出向は予定されておらず，将来，そのような人材として登用されることも予定されていないという違いがある」

「住宅手当は，従業員の住宅に要する費用を補助する趣旨で支給されるものと解されるところ，契約社員については就業場所の変更が予定されていないのに対し，正社員については，転居を伴う配転が予定されているため，契約社員と比較して住宅に要する費用が多額となり得る。したがって，正社員に対して上記の住宅手当を支給する一方で，契約社員に対してこれを支給しないという労働条件の相違は，不合理であると評価することができるものとはいえないから，労働契約法20条にいう不合理と認められるものに当たらない」

「皆勤手当は，上告人が運送業務を円滑に進めるには実際に出勤するトラック運転手を一定数確保する必要があることから，皆勤を奨励する趣旨で支給されるものであると解されるところ，上告人の乗務員については，契約社員と正社員の職務の内容は異ならないから，出勤する者を確保することの必要性について

は，職務の内容によって両者の間に差異が生ずるものではない。また，上記の必要性は，当該労働者が将来転勤や出向をする可能性や，上告人の中核を担う人材として登用される可能性の有無といった事情により異なるとはいえない。そして，本件労働契約及び本件契約社員就業規則によれば，契約社員については，上告人の業績と本人の勤務成績を考慮して昇給することがあるとされているが，昇給しないことが原則である上，皆勤の事実を考慮して昇給が行われたとの事情もうかがわれない。

　したがって，上告人の乗務員のうち正社員に対して上記の皆勤手当を支給する一方で，契約社員に対してこれを支給しないという労働条件の相違は，不合理であると評価することができるものであるから，労働契約法20条にいう不合理と認められるものに当たると解するのが相当である。」

　「通勤手当は，通勤に要する交通費を補填する趣旨で支給されるものであるところ，労働契約に期間の定めがあるか否かによって通勤に要する費用が異なるものではない。また，職務の内容及び配置の変更の範囲が異なることは，通勤に要する費用の多寡とは直接関連するものではない。加えて，通勤手当に差違を設けることが不合理であるとの評価を妨げるその他の事情もうかがわれない。

　したがって，正社員と契約社員である被上告人との間で上記の通勤手当の金額が異なるという労働条件の相違は，不合理であると評価することができるものであるから，労働契約法20条にいう不合理と認められるものに当たると解するのが相当である。」

Q52　長澤事件の最高裁判決について，ポイントを教えてください。

1　平成30年6月1日には，ハマキョウレックス事件に続いて，長澤運輸事件の最高裁判決[11]が言い渡されました。

この判決では，定年退職後の再雇用として有期労働契約を締結している労働者について，最高裁の考え方が示されました。

2　事案を解説する前提として，高年齢者雇用安定法が定める定年及び雇用確保措置について確認しておきます。

①　定年の規定を設ける場合，その年齢は60歳以上としなければならない（同法8条）。

②　65歳未満の定年の定めをしている場合，65歳までの雇用確保措置として，定年の引上げ，継続雇用制度，定年の定めの廃止のいずれかの措置を講じなければならない（同法9条）。

長澤運輸事件では，雇用確保措置のうち継続雇用制度が採用されており，定年退職後は，有期雇用契約を締結・更新して勤務を継続することとされていました。

3　長澤運輸事件の原告らは，運送業を営む会社で正社員として採用され，バラセメントタンク車の乗務員として，定年まで勤務しました。定年退職後も，同社と有期労働契約を締結し，定年前と同様にバラセメントタンク車の乗務員として勤務していました。

原告らは，同一の業務に従事する正社員との間で労働条件に相違があることは労契法20条違反であるとして，差額の賃金支払い，差額相当額の損害賠償等

[11]　最高裁平成30年6月1日判決・判例タイムズ1453号47頁。

を求めました。

　正社員と原告らの労働条件の相違は，次の表のとおりです。

	正社員（定年退職前）	嘱託社員（定年後再雇用）
基本給・基本賃金	11万2,700円～12万1,500円	12万5,000円
能率給・歩合給	3.15%～4.60%	7%～12%
職務給	7万6,952円～8万2,900円	なし
精勤手当	5,000円	なし
無事故手当	5,000円	なし
住宅手当	1万円	なし
家族手当	配偶者について5,000円，子1人について5,000円（2人まで）	なし
役付手当	班長3,000円，組長1,500円	なし
超勤手当	あり	あり
通勤手当	1か月定期代（上限4万円）	1か月定期代（上限4万円）
賞与	あり（基本給5か月分）	なし
退職金	あり	なし
調整給	なし	月額2万円（老齢厚生年金の報酬比例部分が支給されない間）
定年・雇用上限	60歳	65歳

　少しわかりにくいですが，基本給・基本賃金，能率給・歩合給，職務給が一般的な基本給の位置づけです。原告らは，この部分の合計額が，定年退職前後で，約2％～約12％減少していました。諸手当の金額を加えると，概ね20％程度の減額だったようです。原告らには，精勤手当等の諸手当が支給されていなかったのですが，正社員にはない調整給が支給されていたことや，原告らが加入する労働組合と会社の間で団体交渉が行われ，会社側が一定の譲歩を示していたという背景事情があります。

　なお，定年退職前後で，業務の内容及び当該業務に伴う責任の程度に違いはありませんでした。

4 　最高裁は，定年退職後の再雇用として有期労働契約を締結したことは，労契法20条の「その他の事情」として，労働条件の相違の不合理性を判断するに当たり考慮されるとしました。

　その上で，労働条件の相違の不合理性を判断するに当たっては，賃金の総額のみを比較するのではなく，各賃金項目の趣旨を個別に考慮し，他の賃金項目の内容を踏まえて賃金の額が決められたような場合には，そのことも考慮されるべきことを示しました。個々の賃金項目の不合理性の判断については，ハマキョウレックス事件と同様の枠組みが採用されました。

　結論は次の表のとおりです。定年退職後の再雇用であるという「その他の事情」を重視したことが窺われます。

手当の種類	手当の趣旨	結論
能率給	労務の成果に対する賃金	不合理でない
職務給	職種に応じて支給される賃金	不合理でない
精勤手当	1日も欠かさずに出勤することを奨励するため	不合理
住宅手当	住宅費の負担を補助するため	不合理でない
家族手当	家族を扶養するための生活費を補助するため	不合理でない
役付手当	正社員の中から指定された役付者であることに対する支給	不合理でない
割増賃金	時間外労働等に対する法定の割増賃金	不合理
賞与	労務の対価の後払い，功労報償，生活費の補助，労働者の意欲向上等，多様な趣旨	不合理でない

　まず，精勤手当については，正社員のみに支給することは不合理であると判断されました。さらに，正社員の超勤手当のみ，その算定の基礎に精勤手当が含まれていたことも不合理であると判断されました。

　これに対し，精勤手当及び超勤手当以外の諸手当の不支給は，不合理とは認められませんでした。住宅手当については，その支給の趣旨を「住宅費の負担に対する補助」と解しながらも，職務や転勤の範囲に違いのない正社員と嘱託乗務員とで支給に差を設けることは不合理ではないと判断しました。従業員の

福利厚生や生活保障を図る趣旨の手当については，定年退職後の再雇用という
事情が，支給しないことの不合理性を減殺する事情として考慮されたためと考
えられます。本件では定年退職後の生活保障として老齢厚生年金の支給等を受
けられることに着目していますが，それ以外にどのような条件が考慮されるこ
とになるのかは，今後の判例の積み重ねによるところとなります。

　次に，賞与については，正社員には基本給の5か月分が支払われるのに対し，
嘱託乗務員に支払われないことは不合理ではないと判断しました。その具体的
理由は必ずしも明確ではないのですが，老齢厚生年金の支給を受けることや，
その賃金体系を採用することの目的に言及されています。また，賞与を含めた
年収が定年退職前の79％程度となることに着目していることから，正社員と年
収の総額を比較する観点を取り入れていることが指摘できます。

◆最高裁平成30年6月1日判決（長澤運輸事件）

　「定年退職者を有期労働契約により再雇用する場合，当該者を長期間雇用する
ことは通常予定されていない。また，定年退職後に再雇用される有期契約労働者
は，定年退職するまでの間，無期契約労働者として賃金の支給を受けてきた者で
あり，一定の要件を満たせば老齢厚生年金の支給を受けることも予定されている。
そして，このような事情は，定年退職後に再雇用される有期契約労働者の賃金体
系の在り方を検討するに当たって，その基礎になるものであるということができ
る。
　そうすると，有期契約労働者が定年退職後に再雇用された者であることは，…
〔中略〕…労働契約法20条にいう『その他の事情』として考慮されることとなる
事情に当たると解するのが相当である。」
　「有期契約労働者と無期契約労働者との個々の賃金項目に係る労働条件の相違
が不合理と認められるものであるか否かを判断するに当たっては，両者の賃金の
総額を比較することのみによるのではなく，当該賃金項目の趣旨を個別に考慮す
べきものと解するのが相当である。」
　「住宅手当及び家族手当は，その支給要件及び内容に照らせば，前者は従業員
の住宅費の負担に対する補助として，後者は従業員の家族を扶養するための生活
費に対する補助として，それぞれ支給されるものであるということができる。上
記各手当は，いずれも労働者の提供する労務を金銭的に評価して支給されるもの

ではなく，従業員に対する福利厚生及び生活保障の趣旨で支給されるものであるから，使用者がそのような賃金項目の要否や内容を検討するに当たっては，…〔中略〕…労働者の生活に関する諸事情を考慮することになるものと解される。」

「正社員には，嘱託乗務員と異なり，幅広い世代の労働者が存在し得るところ，そのような正社員について住宅費及び家族を扶養するための生活費を補助することには相応の理由があるということができる。他方において，嘱託乗務員は，正社員として勤続した後に定年退職した者であり，老齢厚生年金の支給を受けることが予定され，その報酬比例部分の支給が開始されるまでは被上告人から調整給を支給されることとなっているものである。

これらの事情を総合考慮すると，嘱託乗務員と正社員との職務内容及び変更範囲が同一であるといった事情を踏まえても，正社員に対して住宅手当及び家族手当を支給する一方で，嘱託乗務員に対してこれらを支給しないという労働条件の相違は，不合理であると評価することができるものとはいえないから，労働契約法20条にいう不合理と認められるものに当たらないと解するのが相当である。」

「賞与は，月例賃金とは別に支給される一時金であり，労務の対価の後払い，功労報償，生活費の補助，労働者の意欲向上等といった多様な趣旨を含み得るものである。嘱託乗務員は，定年退職後に再雇用された者であり，定年退職に当たり退職金の支給を受けるほか，老齢厚生年金の支給を受けることが予定され，その報酬比例部分の支給が開始されるまでの間は被上告人から調整給の支給を受けることも予定されている。また，本件再雇用者採用条件によれば，嘱託乗務員の賃金（年収）は定年退職前の79％程度となることが想定されるものであり，嘱託乗務員の賃金体系は，前記アで述べたとおり，嘱託乗務員の収入の安定に配慮しながら，労務の成果が賃金に反映されやすくなるように工夫した内容になっている。

これらの事情を総合考慮すると，嘱託乗務員と正社員との職務内容及び変更範囲が同一であり，正社員に対する賞与が基本給の5か月分とされているとの事情を踏まえても，正社員に対して賞与を支給する一方で，嘱託乗務員に対してこれを支給しないという労働条件の相違は，不合理であると評価することができるものとはいえないから，労働契約法20条にいう不合理と認められるものに当たらないと解するのが相当である。」

Q53　不合理な労働条件相違の禁止規定について，改正法の概要を教えてください。

1　働き方改革法により，不合理な労働条件相違の禁止を定めているパート法8条と労契法20条が，パート有期法8条に統合されました。これに伴い，労契法20条は削除されました。

改正前のパート法8条と改正後のパート有期法8条を比較すると，次の変更点があります。

2　まず，法律が適用される主体は，パート法8条の「短時間労働者」と労契法20条の「有期労働契約を締結している労働者」の二者を合わせて「短時間・有期雇用労働者」になりました。

その定義は，パート有期法2条に定められています。同条では，「短時間労働者」とは，「同一の事業主に雇用される」通常の労働者と比べて，1週間の所定労働時間が短い労働者とされています。これに対し，改正前のパート法2条では，比較対象となる通常の労働者が「同一の事業所」で雇用される通常の労働者とされていたため，改正により比較対象が広がりました。

3　次に，パート有期法8条では，対象となる労働条件について，「基本給，賞与その他の待遇のそれぞれについて，」という文言が加えられていますが，基本給と賞与は例示であることが明らかなので，住宅手当，通勤手当等の諸手当も対象となる点は，改正の前後を通じて変わりません。

また，同条では，労働条件の相違の不合理性を判断するに当たり，「当該待遇の性質及び当該待遇を行う目的に照らして適切と認められるものを考慮」することが加筆されました。これは，ハマキョウレックス事件の最高裁判決で示された，手当等の待遇の性質やその目的を1つひとつ検討して不合理性を判断する方法と同趣旨の文言と考えられます。それぞれの待遇の不合理性を判断す

る際には，さまざまな要素をランダムにピックアップして，それらの事情を総合的に考慮する手法をとるのではなく，当該待遇の性質・内容に照らして適切と認められる考慮要素を抽出して，それとの関係で待遇の相違の不合理性を判断することが求められます(12)。

　これらの点を踏まえると，働き方改革法による改正の前後を通じて，不合理性の判断基準は変わっておらず，ハマキョウレックス事件及び長澤運輸事件で最高裁が示した判断の枠組みは，今後も通用するものと解されます。

4　パート有期法8条は，改正前の労契法20条の「期間の定めがあることにより」に相当する文言を置いていません。行政解釈では，パート有期法8条の不合理性の判断の対象となる待遇の相違は，短時間・有期雇用労働者であることに関連して生じた待遇の相違であることが自明であることから，その旨が条文上は明記されていないと説明されています(13)。

　なお，労契法20条に関する最高裁判決では，改正前の労契法20条の「期間の定めがあることにより」とは，労働条件の相違が期間の定めの有無に関連して生じたものであることをいうとされています(14)。

5　パート有期法18条1項は，短時間・有期雇用労働者の雇用管理の改善等を図る必要があると認めるときは，厚生労働大臣又は都道府県労働局長は，事業主に対して報告を求め，又は助言・指導・勧告を行うことができると定めています。働き方改革法による改正により，助言・指導等の対象に，有期雇用労働者の雇用管理の改善等も加わることとなります。

　パート有期法8条違反に対しても助言・指導等が可能ですが，通達では，短時間・有期雇用労働者であることを理由とする不支給など，同条に違反するこ

(12)　水町勇一郎『「同一労働同一賃金」のすべて　新版』（有斐閣，令和元年）90頁参照。
(13)　平成31年1月30日付基発0130第1号等。
(14)　最高裁平成30年6月1日判決（Q51，Q52参照）。

とが明確な場合を除き，助言・指導・勧告の対象にしないとされています[15]。

○パート有期法

（定義）
第2条　この法律において「短時間労働者」とは，1週間の所定労働時間が同一
　　の事業主に雇用される通常の労働者（当該事業主に雇用される通常の労働者と
　　同種の業務に従事する当該事業主に雇用される労働者にあっては，厚生労働省
　　令で定める場合を除き，当該労働者と同種の業務に従事する当該通常の労働者）
　　の1週間の所定労働時間に比し短い労働者をいう。
2　この法律において「有期雇用労働者」とは，事業主と期間の定めのある労働
　　契約を締結している労働者をいう。
3　この法律において「短時間・有期雇用労働者」とは，短時間労働者及び有期
　　雇用労働者をいう。
（不合理な待遇の禁止）
第8条　事業主は，その雇用する短時間・有期雇用労働者の基本給，賞与その他
　　の待遇のそれぞれについて，当該待遇に対応する通常の労働者の待遇との間に
　　おいて，当該短時間・有期雇用労働者及び通常の労働者の業務の内容及び当該
　　業務に伴う責任の程度（以下「職務の内容」という。），当該職務の内容及び配
　　置の変更の範囲その他の事情のうち，当該待遇の性質及び当該待遇を行う目的
　　に照らして適切と認められるものを考慮して，不合理と認められる相違を設け
　　てはならない。
（報告の徴収並びに助言，指導及び勧告等）
第18条　厚生労働大臣は，短時間・有期雇用労働者の雇用管理の改善等を図るた
　　め必要があると認めるときは，短時間・有期雇用労働者を雇用する事業主に対
　　して，報告を求め，又は助言，指導若しくは勧告をすることができる。
2　厚生労働大臣は，第6条第1項，第9条，第11条第1項，第12条から第14条
　　まで及び第16条の規定に違反している事業主に対し，前項の規定による勧告を
　　した場合において，その勧告を受けた者がこれに従わなかったときは，その旨
　　を公表することができる。
3　前2項に定める厚生労働大臣の権限は，厚生労働省令で定めるところにより，
　　その一部を都道府県労働局長に委任することができる。

---

[15]　平成31年1月30日付基発0130第1号等。

<big>Q54</big> 労働条件相違等の説明義務には，どのように対応すればよいですか。

1 パート有期法14条2項は，新たに，短時間・有期雇用労働者から労働条件の相違の内容や理由について説明を求められた場合の事業主の説明義務を定めました。

2 改正前のパート法14条1項は，短時間労働者を雇い入れたときには，同法9条から13条までの規定に基づいて講じる措置の内容について，短時間労働者に説明しなければならないと定めていました。

働き方改革法による改正で，この雇入れ時の説明義務の対象が短時間・有期雇用労働者に拡大されるとともに，説明すべき事項に，パート有期法8条に基づいて講じる措置の内容（Q53参照）が追加されました。

3 パート法14条2項は，短時間労働者から求められたときの説明義務を定めています。改正前は，この説明義務の対象となるのは，労働条件に関する文書の交付等（6条），就業規則の作成等における過半数代表者の意見聴取（7条），短時間労働者の差別的取扱いの禁止（9条），短時間労働者の賃金（10条），教育訓練の実施（11条），福利厚生施設の利用（12条），通常の労働者への転換に関する措置（13条）を決定するに当たり考慮した事項でした。

働き方改革法による改正で，この説明義務の対象が短時間・有期雇用労働者に拡大されました。また，「通常の労働者との間の労働条件の相違の内容及び理由」が説明義務の対象となり，人事・労務の担当者を悩ませています。

4 パート有期法8条の施行後は，事業主は，短時間・有期雇用労働者から求めがあったときは，①通常の労働者との待遇の相違の内容と，②相違の理由を説明しなければなりません。

　説明を求められた場で直ちに回答することまでは求められていませんが，事業主としては，あらかじめ相違の内容と相違の理由について確認しておいた方がよいでしょう。

5　パート有期法14条2項に基づく説明は，職務の内容（業務の内容及び責任の程度）と，職務の内容及び配置変更の範囲等が，当該短時間・有期労働者と最も近い専任教職員と比較して行うこととなります[(16)]。

　待遇の相違の内容は，専任教職員の待遇の個別具体的な内容又は待遇に関する基準を説明することとなります。比較対象とした専任教職員が1名であれば，賃金の具体的な金額等を説明し，比較対象とした専任教職員が複数であれば，平均額又は上限・下限の額を説明することが考えられます。実務的には，特定の専任教職員の具体的な待遇を説明するのではなく，複数の専任教職員や，標準的なモデル（例えば，勤続年数○年の専任教職員）を比較対象として，平均額や賃金の決定基準を説明する事例が多くなると思われます。

　待遇の相違の理由については，「専任ではないから」とか「非常勤だから」というだけでは，説明したことになりません。職務の内容（業務の内容及び責任の程度）の違い，職務の内容及び配置変更の範囲の違い，成果・能力・経験の違いなどから説明することが適切です。

　待遇の相違の内容及び理由の説明は，就業規則・給与規程等の資料を活用して口頭で行うことが基本ですが，説明すべき事項を全て記載した資料を交付することでも構いません。

　なお，短時間・有期雇用労働者からの説明の求めに応じないことや，不合理な説明しかしなかった場合，訴訟等において，パート有期法8条の「その他の事情」として，労働条件の相違が不合理な理由に基づくことを推認させる事情となるおそれがあります。

[(16)]　説明の方法につき，平成31年1月30日付基発0130第1号等の「第3」「10」「(6)」〜「(10)」参照。

6 　パート有期法14条３項により，短時間・有期雇用労働者が，通常の労働者との待遇の相違等について説明を求めてきたことを理由として，解雇やその他の不利益な取扱いをすることは禁止されています。

　通達では，解雇，配置転換，降格，減給，昇給停止，出勤停止，労働契約の更新拒否が，不利益取扱いの例として挙げられています[17]。このほかに，人事評価においてマイナス評価の事情として考慮することなども，不利益取扱いに当たります。

コラム

企業秘密・個人情報と説明義務

　私立学校に限らないのですが，就業規則や給与規程などの労務関係の諸規程や，人事評価の基準などは対外的に公表しておらず，一種の企業秘密に位置づけられます。例えば，短期間のアルバイトからパート有期法14条２項に基づいて説明を求められた場合に，正社員の賃金体系等を説明しなければならないとすれば，人事制度や給与体系を非公表としていることとの整合性をどう考えればよいのか，検討された形跡は見られません。

　現在でも，私立学校においては，学外の労働組合が，団体交渉の議題とは関係なく就業規則や附属規程の全面開示を求め，開示を受けた就業規則等を他の学校法人との団体交渉に用いる事例が見られます。パート有期法14条２項の説明義務が，個々の短時間・有期雇用労働者の納得を高めるという本来の趣旨を離れて利用されることがないか，懸念がないとはいえません。

　また，給与等の労働条件は，個人情報であるとともに，個々の教職員にとってはプライバシー情報でもあります。通達では，「個人情報の保護の観点から，事業主は，説明を受けた短時間・有期雇用労働者において，比較対象となった通常の労働者が特定できることにならないように配慮する必要がある」とされていますが，少人数の事業場では，比較対象となる労働者を特定しないように説明することは困難です。

　説明義務の拡張が，短時間・有期雇用労働者の雇用管理の改善に有益であることはたしかですが，上記のような副作用も懸念されるところです。

---

[17]　平成31年１月30日付基発0130第１号等の「第３」「10」「(12)」。

○パート有期法

（事業主が講ずる措置の内容等の説明）

第14条　事業主は，短時間・有期雇用労働者を雇い入れたときは，速やかに，第
　8条から前条までの規定により措置を講ずべきこととされている事項（労働基
　準法第15条第1項に規定する厚生労働省令で定める事項及び特定事項を除く。）
　に関し講ずることとしている措置の内容について，当該短時間・有期雇用労働
　者に説明しなければならない。

2　事業主は，その雇用する短時間・有期雇用労働者から求めがあったときは，
　当該短時間・有期雇用労働者と通常の労働者との間の待遇の相違の内容及び理
　由並びに第6条から前条までの規定により措置を講ずべきこととされている事
　項に関する決定をするに当たって考慮した事項について，当該短時間・有期雇
　用労働者に説明しなければならない。

3　事業主は，短時間・有期雇用労働者が前項の求めをしたことを理由として，
　当該短時間・有期雇用労働者に対して解雇その他不利益な取扱いをしてはなら
　ない。

Q55 福利厚生施設の利用について，改正法はどう定めているのですか。

1 福利厚生施設の利用については，改正法であるパート有期法12条に定めがあります。

2 改正前のパート法12条では，短時間労働者に対して，福利厚生施設のうち健康の保持又は業務の円滑な遂行に資するものとして厚生労働省令で定めるもの（給食施設，休憩室，更衣室）について，利用の機会を与えるよう配慮しなければならないと定められていました。

改正後のパート有期法12条では，対象が短時間・有期雇用労働者に拡大された上で，「利用の機会を与えられなければならない」とされました。従前の法律では，事業主の配慮義務として規定されていたものが，通常の義務に格上げされた形です。

したがって，従前であれば，福利厚生施設について，短時間労働者に利用の機会を与えることが困難な事情（例えば，休憩室が狭小であるため非正規職員に利用させることができないなど）があれば，その事情も考慮されて配慮義務違反の有無が検討されましたが，改正後は，専任教職員と短時間・有期雇用労働者との間で異なる取扱いをすることは認められず，学校法人の義務違反となります。

3 もっとも，法律が求めるのは，短時間・有期雇用労働者の労働条件において専任教職員と異なる取扱いをしないことまでです。専任教職員より優遇する必要はないので，福利厚生施設の利用について，専任教職員と同じルールを適用すれば足ります。

例えば，特定の短時間・有期雇用労働者が，更衣室の利用にあたり非違行為を生じさせた場合に，更衣室の利用に関する規則に基づき，あるいは業務命令

として更衣室の利用を禁止することは，パート有期法12条違反に当たらないと考えられます。

○パート有期法

（福利厚生施設）
第12条　事業主は，通常の労働者に対して利用の機会を与える福利厚生施設であって，健康の保持又は業務の円滑な遂行に資するものとして厚生労働省令で定めるものについては，その雇用する短時間・有期雇用労働者に対しても，利用の機会を与えなければならない。

○パート有期法施行規則

（法第12条の厚生労働省令で定める福利厚生施設）
第5条　法第12条の厚生労働省令で定める福利厚生施設は，次に掲げるものとする。
一　給食施設
二　休憩室
三　更衣室

Q56 厚生労働省が公表した指針（同一労働・同一賃金ガイドライン）は，参考になるのですか。

1 平成30年12月28日付で，厚生労働省から「短時間・有期雇用労働者及び派遣労働者に対する不合理な待遇の禁止等に関する指針」[18]が公表されました。一般に，「同一労働・同一賃金ガイドライン」と呼ばれています。

2 指針は，短時間・有期雇用労働者について，基本給，賞与，諸手当，福利厚生，その他の待遇について，どのような場合に不合理と認められるのか（認められないのか），原則となる考え方と具体例が示されています。

　法的拘束力のない告示であるため，指針に違反した待遇であっても，訴訟等で必ず不合理な労働条件相違と認められるわけではありません。とはいえ，各学校法人において，短時間・有期雇用労働者に当たる教職員の待遇を見直す際には，必要に応じて指針の内容を参照することが適切です。

　指針では，主に改正前の労契法20条及びパート法8条（改正後はパート有期法8条）が想定されており，パート法9条（改正後はパート有期法9条）が定める差別的取扱いにはほとんど言及されていない点に注意が必要です。

　なお，指針では，派遣労働者の待遇についても記載されています。

3 指針のうち，基本給に関する記載は，私立学校の実態に即していないため，参考にすることは難しい内容です。

　例えば，指針では，基本給のうち，労働者の能力又は経験に応じて支給する部分については，通常の労働者と同一の能力又は経験を有する短時間・有期雇用労働者には，通常の労働者と同一の基本給を支給することが求められています。また，業績又は成果に応じて支給する部分，勤続年数に応じて支給する部

---

[18]　平成30年12月28日付厚生労働省告示430号。

分についても，同様の内容が記載されています。

　しかし，私立学校の専任教職員の基本給は，年功序列型の賃金テーブルに従って決められることが一般的で，年齢のみで基本給が定まる取扱いも珍しくありません。能力・経験，業績・成果，勤続年数に応じて基本給を決めるという発想自体がないため，指針のうち基本給に関する上記記載は，残念ながら参考になりません。

　私立学校では，短時間・有期雇用労働者に該当する教職員の基本給は，専任教職員のような年功制ではなく，担当する職務の内容と量に応じて定まる職務給の考え方が一般的です。例えば，非常勤講師であれば，授業1科目につき月額何円，という計算式が採用されています。専任教職員とは基本給の決定基準・ルールの相違があることになりますが，このような場合の取扱いについて，指針では，「賃金の決定基準・ルールの相違は，通常の労働者と短時間・有期雇用労働者の職務の内容，当該職務の内容及び配置の変更の範囲その他の事情のうち，当該待遇の性質及び当該待遇を行う目的に照らして適切と認められるものの客観的及び具体的な実態に照らして，不合理と認められるものであってはならない。」として，実質的には何も述べていません[19]。

4　指針は，賞与についても，会社の業績等への労働者の貢献に応じて支給する部分については，通常の労働者と同一の貢献である短時間・有期雇用労働者には，通常の労働者と同一の賞与を支給しなければならないとしています。

　私立学校においては，個々の教職員の業績等を査定していないところが多く，やはり，指針の内容は私立学校の実態に即したものとはいえません。

　賞与については，Q58で解説するとおり，ほとんどの裁判例で不合理な労働条件相違とは認められないとされる一方で，私立学校において一部不合理と認めた裁判例もあります。裁判例の動向が流動的であるため，最高裁の判断を

[19]　指針「第3」「1」「(4)」の「注(1)」参照。

待って検討を始めることも選択肢です。

5 指針の諸手当に関する記載のうち,「問題となる例」「問題とならない例」として挙げられている具体例には,私立学校でも参考になる内容が含まれています。

例えば,役職手当について問題とならない例として,通常の労働者Xと同一の役職に就く短時間労働者Yに対して,役職手当の金額を所定労働時間に比例した金額にすることが挙げられています。これに対して,問題となる例として,通常の労働者Xと同一の役職に就く有期雇用労働者Yに対して支給する役職手当を,Xより低くすることが挙げられています。中学校や高等学校では,常勤講師などの有期雇用教員を主任等の役職に就ける事例がありますが,主任手当等の金額を専任教職員より低く設定することは,労契法20条(改正後はパート有期法8条)に触れる可能性が高いといえます[20]。

もっとも,指針では,私立学校で問題となりやすい住宅手当や家族手当についての考え方や具体例は示されておらず,この点には不満が残ります。

---

[20] ただし,主任等の役職に就くことを考慮して,役職手当に相当する金額を基本給に上乗せしているなどの事情があれば,不合理な労働条件の相違とはいえないでしょう。

コラム

ガイドライン案とガイドラインたたき台

　同一労働・同一賃金ガイドラインは，平成28年12月20日に「同一労働同一賃金ガイドライン案」が公表された後，平成30年8月30日の「同一労働同一賃金ガイドラインたたき台」を経て，告示の形式で策定されました。この間，私立学校においては，学外の労働組合との団体交渉でガイドライン案に従った待遇改善を求められ，本来不要な論点が議題に上り議論が錯綜するなど，好ましくない影響が生じていました。

　ガイドライン自体に法的拘束力がないにもかかわらず，五月雨式に「案」や「たたき台」を公表することは，私立学校に限らず，企業の人事・労務に不必要な混乱を招くものであり，賛同しがたい面があります。

Q57 基本給の相違について，最近の裁判所の考え方を教えてください。

1 ほとんどの裁判例で，基本給の相違は不合理な労働条件の相違とは認められないとされていますが，学校法人が一部敗訴した裁判例が1件あります。

2 基本給の相違について争われた裁判例は複数公表されていますが，次に述べる福岡高裁の事案を除き，いずれの事案でも，不合理な労働条件相違とは認められないとされています。

具体的には，Q52で解説した長澤運輸事件最高裁判決，Q58で解説する大阪医科薬科大学事件控訴審判決，Q59で解説するメトロコマース事件控訴審判決，Q61で解説する中央学院事件一審判決のほか，日本郵便（佐賀）事件控訴審判決[21]，北日本放送事件一審判決[22]など，多数の裁判例を挙げることができます。

3 平成30年11月29日に，福岡高裁で，基本給の相違について，学校法人に損害賠償の支払いを命じる判決がありました[23]。現在のところ，基本給の相違を不合理な労働条件と認めた唯一の裁判例と思われます。

この事案の原告は，私立大学の附属病院で，昭和55年4月から30年以上にわたり，雇用期間1年の契約を更新して勤務していた臨時職員です。平成25年度以降の労働条件は，俸給月額18万2,100円，賞与は年間3.95月分，定期昇給なし，時間外勤務ありというものです。

原告の担当していた業務は，所属講座の予算管理や経費支出の手続き，物品

---

(21) 福岡高裁平成30年5月24日判決・労働経済判例速報2352号3頁。

(22) 富山地裁平成30年12月19日判決・労働経済判例速報2374号18頁。

(23) 福岡高裁平成30年11月29日判決・労働判例1198号63頁（産業医科大学事件）。

管理，講義の準備や学生の出欠管理，奨学寄附金に関する業務等です。同期入社の正職員の中には，主任に昇格するまでの間，原告と類似した業務に携わっていた者がいたのですが，採用から6年ないし10年で全員が主任に昇格しています。

　第一審判決[24]は，原告の請求を全て棄却しました。これに対し，控訴審判決は，同時期に採用された正規職員の主任昇格前の賃金水準を下回ることは不合理な労働条件と認められるとして，差額の月額3万円に相当する損害賠償を命じました。なお，控訴審判決は確定しています。

4　控訴審判決では，大学病院開設当時の人員不足を補うために採用された臨時職員について，30年以上の長期にわたり雇用を継続したことが，労契法20条の「その他の事情」として考慮されています。

　その上で，学歴が同じ正規職員が主任に昇格する前の賃金水準すら満たさず，現在では，基本給の額に約2倍の格差が生じているという労働条件の相違は，同学歴の正規職員の主任昇格前の賃金水準を下回る3万円の限度において不合理であると評価することができるとして，1月あたり3万円の限度で，損害賠償請求を認容しました。

5　控訴審判決は，基本給の相違を不合理な労働条件と認めた初めての判決として注目されましたが，その判示には多くの疑問があります。

　まず，正職員との間の業務の内容に相違がないこと以外の考慮要素をどの程度考慮したのか，判決文からは判然としません。労契法20条が列挙する考慮要素のうち，「業務の内容」と「その他の事情」を考慮する一方で，責任の程度や，職務内容及び配置の変更の範囲に違いがあることなどを考慮しないことの妥当性は問われるべきでしょう。

　次に，同期採用の正職員が全員主任に昇格した時点の基本給を基準に，原告

[24]　福岡地裁小倉支部平成29年10月30日判決・労働判例1198号74頁。

の基本給との差額を損害賠償額とすることも，疑問のある計算式です。原告と正職員の賃金格差が約2倍に達している原因の1つに，正職員が全員主任以上に昇格している点が挙げられます。もし，正職員の一部が主任に昇格していなければ，原告との賃金格差は小さくなる（不合理さが小さくなる）のに，損害賠償額は大きくなるという矛盾が生じます。図で表すと，下記のとおりです。【図2】では，現在の賃金格差が【図1】より縮まるのに，賠償額は増えています。

【図1　実際の事案】

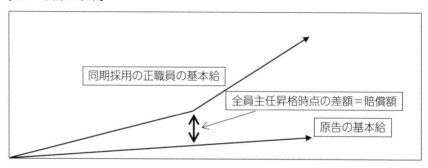

【図2　正職員の一部が主任に昇格していないと想定した事案】

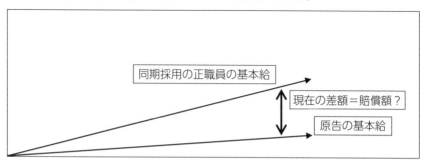

6　控訴審判決は，臨時職員の基本給について学校法人が一部敗訴した事例であるため，私学関係者には驚きをもって受け止められています。

　もっとも，本来短期間の雇用が予定されていた臨時職員を30年以上継続雇用したという特殊な事案であり，判決の内容にも多くの疑問点があるため，先例に位置付けるべきではない事案です。基本給の相違については，不合理な労働条件と認めていない裁判例が大半なので，当面，裁判例の動向を見守ることが穏当な対応です。

◆福岡高裁平成30年11月29日判決（産業医科大学事件）

　「1か月ないし1年の短期という条件で，しかも大学病院開院当時の人員不足を補う目的のために4年間に限り臨時職員として採用された有期契約労働者が，30年以上もの長期にわたり雇い止めもなく雇用されるという，その採用当時に予定していなかった雇用状態が生じたという事情は，当該有期契約労働者と無期契約労働者との労働条件の相違が不合理と認められるものであるか否かの判断において，労働契約法20条にいう『その他の事情』として考慮されることとなる事情に当たるというべきである。」

　「臨時職員と正規職員との間においては，前判示のとおり，職務の内容はもとより，職務内容及び配置の各変更の範囲に違いがあるが，…〔中略〕…専門的，技術的業務に携わってきたD氏，E氏を除くと，いずれも当初は，教務職員を含む一般職研究補助員として控訴人と類似した業務に携わり，業務に対する習熟度を上げるなどし，採用から6年ないし10年で主任として管理業務に携わるないし携わることができる地位に昇格したものということができる。」

　「臨時職員と対照職員との比較対象期間及びその直近の職務の内容並びに職務の内容及び配置の各変更の範囲に違いがあり，控訴人が大学病院内での同一の科での継続勤務を希望したといった事情を踏まえても，30年以上の長期にわたり雇用を続け，業務に対する習熟度を上げた控訴人に対し，臨時職員であるとして人事院勧告に従った賃金の引上げのみであって，控訴人と学歴が同じ短大卒の正規職員が管理業務に携わるないし携わることができる地位である主任に昇格する前の賃金水準すら満たさず，現在では，同じ頃採用された正規職員との基本給の額に約2倍の格差が生じているという労働条件の相違は，同学歴の正規職員の主任昇格前の賃金水準を下回る3万円の限度において不合理であると評価することができるものであり，労働契約法20条にいう不合理と認められるものに当たると解するのが相当である。」

Q58 賞与の有無について，最近の裁判所の考え方を教えてください。

1 ほとんどの裁判例で，賞与の不支給や金額の相違は不合理な労働条件の相違とは認められないとされていますが，学校法人が一部敗訴した裁判例があります。

2 賞与の相違について争われた裁判例は多数公表されていますが，次に述べる大阪医科薬科大学事件控訴審判決を除き，いずれの事案でも，不合理な労働条件相違とは認められないとされています。

具体例として，Q52で解説した長澤運輸事件最高裁判決，Q59で解説するメトロコマース事件控訴審判決，Q61で解説する中央学院事件一審判決のほか，ヤマト運輸事件一審判決[25]，五島育英会事件一審判決[26]，日本郵便（佐賀）事件控訴審判決[27]，日本郵便（東京）事件控訴審判決[28]，北日本放送事件一審判決[29]，井関松山製造所事件控訴審判決[30]，井関松山ファクトリー事件控訴審判決[31] など，多数の裁判例を挙げることができます。

3 平成31年2月15日に，大阪高裁で，賞与の不支給は不合理な労働条件の相違と認められるとして，学校法人に損害賠償の支払いを命じる判決がありました[32]。現在のところ，賞与について不合理な労働条件と認めた唯一の裁判例と思われます。

---

[25] 仙台地裁平成29年3月30日判決・労働判例1158号18頁。
[26] 東京地裁平成30年4月11日判決・労働経済判例速報2355号3頁。
[27] 福岡高裁平成30年5月24日判決・労働経済判例速報2352号3頁。
[28] 東京高裁平成30年12月13日判決・労働判例1198号45頁。
[29] 富山地裁平成30年12月19日判決・労働経済判例速報2374号18頁。
[30] 高松高裁令和元年7月8日判決・労働判例1208号25頁。
[31] 高松高裁令和元年7月8日判決・労働判例1208号38頁。
[32] 大阪高裁平成31年2月15日判決・判例タイムズ1460号56頁（大阪医科薬科大学事件）。

　この事案の原告は，私立大学の医学部の教室事務員として，平成25年1月から平成28年3月まで勤務したアルバイト職員です。平成25年4月1日以降は，1年契約を更新していました。この大学の事務系の職員には，正職員，契約職員，アルバイト職員，嘱託職員の4種類があり，無期契約は正職員のみ，アルバイト職員は時給制，その他の職員は月給制でした。

　原告の労働条件は，①時給950円（月額15万円～16万円程度），②賞与なし，③年末年始・創立記念日の休日は無給，④年休の日数は正職員より少ない，⑤夏期特別有給休暇なし，⑥私傷病欠勤中は無給，⑦附属病院の医療費補助なしというもので，担当していた業務は，教員や研究補助員のスケジュール管理・日程調整，電話・メール・来客・業者対応，各種事務，教室の経理に関する事務，備品管理，清掃・ゴミ処理等でした。

　第一審判決[33]は，原告の請求を全て棄却したのですが，控訴審判決は，②賞与の有無，⑤夏期特別有給休暇の有無，⑥私傷病欠勤中の賃金の有無は，不合理な労働条件の相違としました。この事案では上告及び上告受理申立てがされており，最高裁の判決が待たれます。

　なお，控訴審判決は，①基本給，③年末年始及び創立記念日の休日における賃金支給，④年休の日数，⑦附属病院の医療費補助措置の相違は，不合理な労働条件とは認められないとしています。

4　控訴審判決は，賞与の不支給について，同時期に採用された正職員の60％を下回る支給しかしない場合は不合理な労働条件の相違に至るとしました。しかし，控訴審判決の判断には，いくつかの疑問点があります。

　まず，控訴審判決は，ハマキョウレックス事件最高裁判決が示した枠組みを用いて賞与の不支給の不合理性を判断している点が挙げられます。多様な趣旨を含む賞与について，特定の趣旨で支給される諸手当と同じ枠組みで判断してよいのか，議論の余地がありそうです。加えて，当該大学における賞与は，賞

[33]　大阪地裁平成30年1月24日判決・判例タイムズ1460号74頁。

与算定期間に就労していたことそれ自体に対する対価としての性質を有すると
しているのですが，特異な考え方という印象を受けます。

　次に，控訴審判決は，契約職員に対し正職員の約80％の賞与を支払っている
ことからすれば，同時期に採用された正職員の支給基準の60％を下回る支給し
かしない場合は不合理な相違に至るとしています。60％という割合の根拠は全
く示されておらず，不合理かそうでないかの線引きが裁判官の直感で行われて
おり，にわかに賛同しがたい判示です。

5　控訴審判決は，Q57で解説した産業医科大学事件控訴審判決と同様
に，主要な賃金項目で学校法人が一部敗訴した事例に位置付けられます。
　もっとも，本件については上告及び上告受理申立てがなされており，控訴審
判決は確定していません。賞与の不支給や金額の相違については，不合理な労
働条件と認めていない裁判例が大半なので，最高裁の判断を待つことが穏当な
対応です。

◆大阪高裁平成31年2月15日判決（大阪医科薬科大学事件）

「賞与の支給額は，正職員全員を対象とし，基本給にのみ連動するものであっ
て，当該従業員の年齢や成績に連動するものではなく，被控訴人の業績にも一切
連動していない。このような支給額の決定を踏まえると，被控訴人における賞与
は，正職員として被控訴人に在籍していたということ，すなわち，賞与算定期間
に就労していたことそれ自体に対する対価としての性質を有するものというほか
ない。そして，そこには，賞与算定期間における一律の功労の趣旨も含まれると
みるのが相当である。」

「賞与には，功労，付随的にせよ長期就労への誘因という趣旨が含まれ，先に
みたとおり，不合理性の判断において使用者の経営判断を尊重すべき面があるこ
とも否定し難い。…〔中略〕…アルバイト職員の賞与算定期間における功労も相
対的に低いことは否めない。これらのことからすれば，フルタイムのアルバイト
職員とはいえ，その職員に対する賞与の額を正職員に対すると同額としなければ
不合理であるとまではいうことができない。…〔中略〕…契約職員に対し正職員
の約80％の賞与を支払っていることからすれば，控訴人に対し，賃金同様，

正職員全体のうち平成25年4月1日付けで採用された者と比較対照し，その者の賞与の支給基準の60％を下回る支給しかしない場合は不合理な相違に至るものというべきである。」

退職金の有無について，最近の裁判所の考え方を教えてください。

1 　退職金に関する労働条件の相違について争われた裁判例は少ないのですが，平成31年2月20日に，東京高裁で，退職金の不支給は不合理な労働条件の相違と認められるとして，損害賠償請求を一部認容する判決がありました[34]。

　現在のところ，退職金の不支給について不合理な労働条件と認めた唯一の裁判例と思われます。

2 　この事案の原告（4名）は，契約社員の職種で採用され，駅構内の売店で販売業務に従事していました。

　原告の労働条件は，時給1,020円（毎年10円ずつ昇給），資格手当・住宅手当・家族手当・退職金・永年勤労褒章は支給しない，賞与の金額は夏と冬に各12万円（正社員は夏と冬に各2か月分＋一定額），早出残業手当・深夜労働手当は25%割増（正社員は27%〜35%）とするなど，多くの点で正社員とは異なる内容でした。他方，正社員にはない手当として，早番手当（1回150円〜300円）と皆勤手当（月額3,000円）が支給されていました。

　原告は，これらの労働条件の相違は労働契約法20条に違反すると主張していましたが，第一審判決[35]は，早出残業手当の割増率の相違のみ不合理な労働条件と認め，それ以外の労働条件の相違は不合理と認められないとしました。

3 　控訴審判決は，原告が主張する労働条件の相違のうち，住宅手当，退職金，褒賞，早出残業手当の相違は，不合理な労働条件と認められるとし，会社に対して損害賠償を命じました。

[34]　東京高裁平成31年2月20日判決・労働判例1198号5頁（メトロコマース事件）。
[35]　東京地裁平成29年3月23日判決・労働判例1154号5頁。

　このうち，退職金については，有期契約労働者に対しては退職金制度を設けないということ自体が人事施策上一概に不合理であるということはできないとしつつ，有期労働契約の労働者について65歳の定年が定められていること，契約社員として10年以上勤務した者がいることなどから，長年の勤務に対する功労報償の性格を有する部分に係る退職金を一切支給しないことは不合理であるとして，正社員の算定基準の4分の1に相当する金額の損害賠償責任があるとしました。

　退職金の性格のうち功労報償の性格を有する部分については有期労働契約の労働者についても共通するという点は一理ありますが，正社員の算定基準の4分の1という割合がどのようにして導かれたのか定かでなく，この点には疑問が残ります。本件は最高裁へ上告及び上告受理申立てがされており，最高裁の判断が待たれます。

　なお，控訴審判決は，本給，資格手当，賞与の相違は，不合理な労働条件ではないとしています。

4　私立学校の有期労働契約の実情を見ると，常勤講師等の職種で長期間継続雇用する事例がある一方で，有期労働契約の通算契約期間に3年程度の上限を設けて，上限に達した者は専任教職員への登用か退職を選択するという事例もあります。

　現在のところ，退職金の不支給について不合理な労働条件相違と認めた事例は1件しかないようですが，有期労働契約を長期間継続することは，退職金の取扱いに限らず，さまざまな労使紛争の材料になる可能性があります。専任教職員への登用制度を設ける，通算契約期間に上限を設けるなどの対策を講じておくべきでしょう。

◆東京高裁平成31年2月20日判決（メトロコマース事件）

「一般に，退職金の法的性格については，賃金の後払い，功労報償など様々な
性格があると解されるところ，このような性格を踏まえると，一般論として，長
期雇用を前提とした無期契約労働者に対する福利厚生を手厚くし，有為な人材の
確保・定着を図るなどの目的をもって無期契約労働者に対しては退職金制度を設
ける一方，本来的に短期雇用を前提とした有期契約労働者に対しては退職金制度
を設けないという制度設計をすること自体が，人事施策上一概に不合理であると
いうことはできない。

　もっとも，第1審被告においては，…〔中略〕…有期労働契約は原則として更
新され，定年が65歳と定められており…〔中略〕…，実際にも控訴人P2及び控
訴人P3は定年まで10年前後の長期間にわたって勤務していた…〔中略〕…少な
くとも長年の勤務に対する功労報償の性格を有する部分に係る退職金（退職金の
上記のような複合的な性格を考慮しても，正社員と同一の基準に基づいて算定し
た額の少なくとも4分の1はこれに相当すると認められる。）すら一切支給しな
いことについては不合理といわざるを得ない。」

住宅手当や家族手当の有無について，最近の裁判所の考え方を教えてください。

1　住宅手当，家族手当のいずれも，裁判例の傾向は分かれています。

2　住宅手当については，Q51で解説したハマキョウレックス事件の枠組みに沿って，転勤による住宅費補助の必要性から判断する裁判例が増えています。

例えば，北日本放送事件一審判決[36] は，定年後再雇用社員に住宅手当を支給しないことは不合理と評価できない理由の1つとして，正社員には転勤及び出向が予定されているのに対し，再雇用社員には転勤の実績がないことを指摘しています。これに対し，井関松山製造所事件控訴審判決[37] は，従業員は，勤務地の変更を伴う異動は想定されていないことを指摘した上で，無期契約労働者が有期契約労働者に比して住宅費用が高くなると認めることは困難だとして，有期契約労働者に住宅手当を支給しないことは不合理と認められるとしています。

また，日本郵便（東京）事件控訴審判決[38] 及び日本郵便（大阪）事件控訴審判決[39] は，転居を伴う配置転換が予定されていた旧一般職に住宅手当を支給し契約社員には支給しないという相違は不合理ではないとしつつ，新一般職と時給制契約社員はどちらも転居を伴う配置転換が予定されていないことから，新一般職に住宅手当を支給し時給制契約社員に支給しないことは，不合理な労

---

(36)　富山地裁平成30年12月19日判決・労働経済判例速報2374号18頁。同判決は，正社員には幅広い世代の労働者が存在し得るから，住宅費を補助することには相応の理由があることも指摘しています。

(37)　高松高裁令和元年7月8日判決・労働判例1208号25頁。

(38)　東京高裁平成30年12月13日判決・労働判例1198号45頁。

(39)　大阪高裁平成31年1月24日判決・労働判例1197号5頁。

働条件と認められるとしています。

　なお，住宅費の負担の有無を問わずに，正社員にのみ住宅手当を支給していた事案として，Q59で解説したメトロコマース事件控訴審判決[40]があります。同判決は，住宅手当は職務内容等を離れて従業員に対する福利厚生及び生活保障の趣旨で支給されるものだとした上で，生活費補助の必要性は職務の内容等によって差異が生ずるものではないとして，住宅手当に関する労働条件の相違は不合理と認められると述べています。

　Q61で解説しますが，私立大学に関する事案では，非常勤講師に住宅手当を支給しないことについて，不合理とは認められないとされています。

3　家族手当や扶養手当については，支給の趣旨をどのように解するかによって，結論が分かれています。

　井関松山製造所事件控訴審判決[41]は，家族手当は，生活補助的な性質を有しており，労働者の職務内容等とは無関係に，扶養家族の有無，属性及び人数に着目して支給されているとした上で，扶養家族がいることによって生活費が増加することは有期契約の労働者であっても変わらないとして，有期契約労働者に家族手当を支給しないことは不合理な労働条件と認められるとしています。

　これに対して，日本郵便（大阪）事件控訴審判決[42]は，扶養手当は，終身雇用制と年功賃金体系の下で，会社が家族の生活費まで負担することで，有為な人材の獲得・定着を図り，長期にわたって会社に貢献してもらう趣旨で支給される，基本給を補完する生活手当だとして，短期雇用を前提とする契約社員に支給しないことは不合理とは認められないとしています。

　Q61で解説しますが，私立大学に関する事案では，非常勤講師に家族手当を支給しないことについて，不合理とは認められないとされています。

---

[40]　東京高裁平成31年2月20日判決・労働判例1198号5頁。
[41]　高松高裁令和元年7月8日判決・労働判例1208号25頁。
[42]　大阪高裁平成31年1月24日判決・労働判例1197号5頁。同判決は，契約社員についても家族構成や生活状況の変化はあり得るが，基本的には転職等による収入増加で対応することが想定されるとしています。

4　専任教職員にのみ住宅手当を支給している学校法人では，住宅手当の取扱いは優先的に検討すべき論点の１つです。特に，転居を伴う人事異動がない学校法人では，有期労働契約の常勤教職員と専任教職員の取扱いを統一することも選択肢となり得ます。

　ところで，学校法人では，住宅手当と称しながら，専任教職員全員に一律に支給する取扱いが珍しくありません。このような取扱いが広まった経緯は定かでないのですが，過去の労使交渉でベースアップが議論となったときに，賞与や退職金の増額を伴わずにベースアップを行うために，住宅手当の名目で一律支給をすることで妥結したものと推測されます。いずれにせよ，専任教職員全員に一律に支給している以上，実質は住宅手当ではないのですから，別の名称に改めて，専任教職員だけが住宅費の補助を受けているという誤解を招かないようにするべきでしょう。

　家族手当については，その趣旨に関する裁判所の理解が分かれていることから，当面は裁判例の動向を見守ることも選択肢です。もっとも，長期雇用が想定されない職種であっても，その学校の給与収入で生活をしている常勤職の教職員については，子どもが生まれたときなどの費用補助は検討してもよいでしょう。出産等によって一時的な費用負担が生じることは，長期雇用が前提の専任教職員と変わらないためです。

Q61 非常勤講師の待遇について，最近の裁判所の考え方を教えてください。

1 私立大学の非常勤講師の待遇に関する判決が，２件公表されています。

2 働き方改革法による改正前は，不合理な労働条件相違に関する条文は，労契法20条とパート法８条に定められていました。

労契法20条に関する裁判例は多数公表されているのですが，平成31年２月28日に，私立大学の非常勤講師に関する事案で，初めてパート法８条に関する判断が示されました(43)。この事案では，専任教員等が６講時と７講時の授業を担当した際に支給される夜間担当手当について，非常勤講師に支給しないことは，労契法20条及びパート法８条に反するか否かが争われました。

裁判所は，非常勤講師と専任教員の職務の内容の相違や，非常勤講師は自ら希望した業務以外の従事は予定されていないことなどを指摘した上で，本件手当は，専任教員が日中多岐にわたる業務を担当しつつ，さらに夜間の授業を担当することの負担に配慮する趣旨の手当としての性格も有しているとして，非常勤講師への本件手当の不支給は不合理と認められるものに当たらない，としました。

この判決では，パート法８条の不合理性の判断においても，労契法20条の不合理性の判断と同様，当該手当を支給する趣旨に遡って検討する手法がとられています。

3 私立大学の非常勤講師の待遇全般が争われた事案として，中央学院事件第一審判決があります(44)。

(43) 京都地裁平成31年２月28日判決・労働経済判例速報2376号３頁（学校法人Ｘ事件）。
(44) 東京地裁令和元年５月30日判決・労働判例1211号59頁。

　裁判所は，専任教員と非常勤講師の職務の内容の相違や労使交渉の経緯等を詳細に検討し，本俸，賞与・年度末手当，家族手当，住宅手当のいずれについても，非常勤講師に支給しないことは不合理と認められないとし，非常勤講師と専任教員の賃金総額の相違も不合理と評価できないとしています。特に，家族手当及び住宅手当については，大学設置基準を引用して，大学運営に関する幅広い業務を行い，これらの業務に伴う責任を負う立場にある専任教員として相応しい人材を安定的に確保するために，専任教員について福利厚生の面で手厚い処遇をすることに合理性がないとはいえないとしており，大学教員に特有の事情が考慮されています。

4　　私立大学の非常勤講師の待遇については，学外の労働組合から団体交渉の申入れを受ける事例が増えています。労働組合からの要求は，基本給の増額，諸手当の支給，社会保険（私学共済）への加入，無期雇用への転換など多岐にわたります。

　諸手当の取扱いについては，労契法20条違反やパート法8条違反を主張されることも多いのですが，上記の裁判例からは，職務の内容が専任教員と大きく異なる非常勤講師について，諸手当を不支給とすることは不合理とは認められないといえます。現在の待遇が違法ではないことを前提としつつ，それぞれの学校の経営状況等を考慮して支給の有無を決定すれば足りるでしょう。

Q62 常勤・有期雇用の教職員の待遇について，改正法に対応するために，私立学校ではどのような準備が必要ですか。

1 有期労働契約で勤務する常勤の教職員は，職務の内容が専任教員と近いものになりやすいため，不合理な労働条件の相違が問題になりやすい職種といえます。大学教員であれば，任期付教員や特任教員が該当します。大学教員以外では，常勤講師，フルタイム勤務の契約職員，再雇用職員などが該当します。

優先的に対応すべきなのは，職務の内容の整理，諸手当の支給の要否の検討，契約更新基準の３点です。このほか，人件費への影響の少ない待遇についても，改善を検討することが考えられます。

2 まず，常勤の教職員の職務の内容（業務の内容と責任の程度）と人材活用の仕組み（職務内容の変更の範囲と配置変更の範囲）が専任教職員と同一となっていないか，整理する必要があります[45]。

このうち，業務の内容については，常勤の教職員の業務の種類は専任教職員と同一であることが多いため，担当している業務のうち中核的業務が専任教職員と同一かで判断することとなります。

責任の程度は，与えられている権限の大きさ（管理する部下の人数，決裁権限の範囲等），業務の成果について求められる役割，トラブル発生時や緊急時等に求められる対応の程度，ノルマ等の成果への期待の程度，所定外労働の有無・頻度などから判断します。学校によって実態は異なりますが，多くの場合，常勤職の教職員の責任の程度は，専任教職員よりも小さくなっていると思われます。

人事異動の範囲は，配置転換のような「ヨコの異動」だけでなく，学長・学

---

[45] 整理の仕方につき，平成31年１月30日付基発0130第１号等の「第１」「４」「（２）」「ロ」参照。

部長・学科長，校長・副校長・教頭・主任，事務長などに任じられる可能性があるか，「タテの異動」も考慮することとなります。

　常勤の教職員と専任教職員を比較して，職務の内容や人材活用の仕組みの違いを把握することができたら，その内容を就業規則等の学内規程に記載することをお勧めします。不合理な労働条件相違を巡る訴訟等が提起された際には，専任教職員との相違を容易に立証できるようになります。

　なお，職務の内容と人材活用の仕組みが専任教員と実質的に同一だと，パート法9条（改正後はパート有期法9条）の差別的取扱いの禁止規定が適用される可能性があります。このような事態を避けるため，専任教職員と常勤教職員の役割分担を見直すか，職務と関連のある諸手当を支給する必要があります。

3　次に，専任教職員に支給されている諸手当について，支給要件と金額を把握する作業を行います。不合理な労働条件相違に当たるか否かは，手当を支給する趣旨・目的から検討するのですが，その際には，手当の名称だけではなく，支給要件や金額も踏まえる必要があります。

　ある手当を支給する趣旨・目的が，専任教職員と常勤の教職員で共通するのであれば，常勤の教職員にも支給するか，支給しないのであればその理由が説明できるか，検討することとなります。

　例えば，専任教員には，担当する授業科目数に応じて増担手当などの名称で手当を支給している場合，同じ数の授業を持つ常勤講師にその手当を支給していないのであれば，不合理な労働条件の相違に当たる可能性があります。このような場合に不合理ではないと主張するためには，常勤講師の契約締結時に担当科目数に応じて基本給を増額しているなど，具体的な根拠を示す必要があるでしょう。このほか，通勤手当，昼食代の補助，皆勤手当なども，不合理な労働条件の相違に当たる可能性が高いといえます。

4　Q57で解説したとおり，基本給の相違を不合理な労働条件と認めた裁判例[(46)]では，本来短期間の雇用が予定されている職種であるにもかか

わらず30年以上にわたって契約更新を繰り返したことが，労契法20条の「その他の事情」として考慮されています。

また，Q60で解説したとおり，家族手当や扶養手当に関する裁判例のうち，会社側の主張を認めた裁判例[47] では，短期雇用を前提とする契約社員に支給しないことは不合理とは認められない旨が指摘されています。さらに，この裁判例では，年末年始勤務手当，祝日給，夏期冬期休暇，病気休暇の取扱いの相違は，契約期間を通算した期間が5年を超える場合には，正社員との相違を設けることは不合理だとされています。

これらの裁判例を踏まえると，長期間にわたって有期労働契約を更新することは，訴訟等では学校法人側に不利な事情になると考えられます。就業規則等で，有期労働契約を更新できる期間に上限（例えば3年）を設けた上で，その3年を超えて勤務してもらう必要がある場合には，準専任等の新しい雇用区分を設けて，無期労働契約を締結するなどの対応をとることが有益です。

5　専任教職員との労働条件の相違は，賃金に限らず，有給休暇，病気休職，福利厚生等も問題となり得ます。

私傷病による欠勤の有給扱い，慶弔を理由とした特別有給休暇などは，人件費の大きな増額を伴わずに，専任教員に準じた取扱いをすることができます。非正規雇用の教職員の待遇改善に努める姿勢を示すという点では，費用対効果の大きい検討事項といえるでしょう。

なお，Q55で解説したとおり，福利厚生施設のうち給食施設，休憩室，更衣室は，短時間・有期雇用労働者にも，利用を認めなければなりません（パート有期法12条）。

6　現在のところ，基本給，昇給，賞与，退職金等の，大きな金額になりやすい労働条件について，不合理な労働条件の相違と認めた裁判例は，

---

(46)　福岡高裁平成30年11月29日判決・労働判例1198号63頁（産業医科大学事件）。
(47)　大阪高裁平成31年1月24日判決・労働判例1197号5頁（日本郵便（大阪）事件）。

ごくわずかです。

　訴訟等での敗訴リスクが大きいとはいえないことに加え，基本給等の引上げは大幅な人件費増額を伴うため，上記 **2** ～ **5** の対応を終えた後に時間をかけて検討することが適切です。

Q63　非常勤の教職員の待遇について，改正法に対応するために，私立学校ではどのような準備が必要ですか。

1　非常勤講師，アルバイト職員等の非常勤の教職員は，職務の内容，人材活用の仕組みのいずれにおいても，専任教員と大きく異なります。加えて，現在のところ，非常勤の教職員の待遇について，不合理な労働条件の相違と認めた裁判例はないため，対応の優先順位は低いといえます。

　ここでは，非常勤の教職員のうち，主に非常勤講師の待遇について解説します。

2　多くの学校では，非常勤講師の業務は授業とそれに付随する業務に限られており，責任の程度も専任教員とは大きく異なります。担当する業務や勤務場所が，本人の同意なしに変更されることもなく，管理職に就くこともないため，人材活用の仕組みも，大きく異なります。このほか，Q61で紹介した裁判例[48]では，担当科目数や曜日・時間帯の希望が考慮されること，兼業が自由であることなども，専任教員との相違として指摘されています。

　これらの点を踏まえると，非常勤講師の待遇が不合理な労働条件と認められる可能性は低いため，一部の諸手当について検討すれば足りると考えられます。

3　非常勤講師についても改善を検討すべき待遇として，通勤手当と福利厚生施設を挙げることができます。

　一部の学校法人では，専任や常勤の教職員については，通勤に要する交通費の実費を全額支給としつつ，非常勤講師については上限の金額を設けるという取扱いが見られます。通勤手当は，自宅から学校までの通勤に要する費用を補てんする趣旨で支給されることが明らかですが，学校まで通勤しなければなら

---

[48]　京都地裁平成31年2月28日判決・労働経済判例速報2376号3頁（学校法人X事件），東京地裁令和元年5月30日判決・労働判例1211号59頁（中央学院事件）。

ない点は，専任・常勤・非常勤で異なるものではありません。

　非常勤講師に支給する通勤手当について，専任や常勤の教職員より不利益な取扱いをすることは，ほぼ確実に不合理な労働条件の相違に当たるため，速やかに改善を検討すべきです。

　Q55で解説したとおり，働き方改革法施行後は，福利厚生施設のうち，給食施設，休憩室，更衣室は，短時間・有期雇用労働者にも，利用を認めなければなりません（パート有期法12条）。非常勤講師についても，これらの施設の利用を認めるようにする必要があります。

Q64 定年後再雇用者の労働条件を変更する必要はあるのでしょうか。

1 定年退職した教職員を継続雇用する際には，不合理な労働条件の相違とならないようにすること，差別的取扱いに該当しないようにすることに加えて，合理的理由なく著しく低い労働条件を設定しないよう，注意する必要があります。

2 定年退職後の再雇用は，有期労働契約を締結する方法で行われるため，労契法20条（改正後はパート有期法8条）に反しないようにする必要があります。

Q52で解説した長澤運輸事件[49]では，定年後再雇用としての有期雇用であることを，労契法20条の「その他の事情」として，使用者に有利に考慮しています。もっとも，定年後再雇用であればどのような待遇も適法となるわけではなく，職務の内容（業務の内容及び責任の程度），人材活用の仕組み，その他の事情が総合的に考慮されます。実際に，長澤運輸事件の最高裁判決は，定年後再雇用の嘱託社員に精勤手当を支給しないことは，不合理な労働条件と認められるとしています。

不合理な労働条件の相違ではないと主張できるようにするために，定年退職前の専任教職員との間で，職務の内容や人材活用の仕組みに相違を設けておくことが考えられます。例えば，再雇用者は管理職に就けない，原則として時間外・休日勤務を命じない，所定労働時間や所定労働日数を短くすることなどが考えられます。

---

[49] 最高裁平成30年6月1日判決・判例タイムズ1453号47頁。

3　　一部の学校法人では，定年後再雇用の教職員についても，定年前と同じ役職に就け，同じ業務を担当させていることがあります。

専任教職員と比較して，職務の内容と人材活用の仕組みが実質的に同一だと，専任教職員より低い労働条件を設定することは，パート有期法9条の不利益取扱いに当たるおそれがあります。長澤運輸事件最高裁判決を受けて，定年後再雇用であればある程度労働条件を低くしても問題ないという理解が一部にあるようです。しかし，定年後再雇用であることが使用者に有利に考慮されるのは，労契法20条の不合理な労働条件相違が問題となる場合であり，パート有期法9条が問題となった場合に同様の考慮がされるとは限りません。

パート有期法9条に該当することを避けるためには，職務の内容又は人材活用の仕組みが専任教員と同一にならないようにすることが必要です。

4　　高年齢者雇用安定法9条は，60歳から65歳までの雇用確保措置を講じるよう求めるのみで，65歳までの労働条件には言及していません。学校法人に限らず，民間企業においても，定年退職後の再雇用者の待遇は，定年退職前よりも低く設定することが一般的です。

もっとも，定年退職者を再雇用する際に，合理的な理由なく極端に低い労働条件を提示することは，不法行為に該当し，慰謝料等の原因になることがあります。

例えば，事務職として定年まで勤務した正社員に対し，再雇用の労働条件として，時給1,000円・1日4時間勤務の清掃業務を提示したという事案で，「会社の提示した業務内容は，社会通念に照らし労働者にとって到底受入れ難いようなものであり，実質的に継続雇用の機会を与えたとは認められないのであって，改正高年法の趣旨に明らかに反する違法なもの」だとして，雇用契約上の債務不履行及び不法行為に当たるとして，120万円余りの損害賠償を命じた事案があります[50]。

---

[50]　名古屋高裁平成28年9月28日判決・労働判例1146号22頁（トヨタ自動車事件）。

　また，定年退職前の約4分の1の賃金水準での再雇用を提案した事案におい
ては，そのような提案が継続雇用制度の趣旨に沿うものであるといえるために
は，大幅な賃金の減少を正当化する合理的な理由が必要だと指摘されていま
す[51]。この事案では，給与等の逸失利益の損害賠償は否定されましたが，100
万円の慰謝料の支払いが命じられています。

　私立学校においても，定年後再雇用の労働条件は，定年退職前より低く設定
されることが一般的です。特に，定年まで勤務した専任教員を非常勤講師とし
て再雇用する場合には，大幅な収入減少を伴います。このような取扱いが常に
違法となるわけではありませんが，非常勤講師として再雇用する合理的な理由
の有無は検討しておくべきでしょう。例えば，生徒数減少により常勤職での再
雇用が難しい，当該教員の人事評価が著しく低いため基幹科目の担当を任せる
ことができないといった理由が考えられます。

---

[51]　福岡高裁平成29年9月7日判決・労働判例1167号49頁（九州総菜事件）。

第7章

ハラスメント問題と
パワハラ防止法の成立

Q65 ハラスメントに関する最近の法改正について教えてください。

1 令和元年5月29日に「女性の職業生活における活躍の推進に関する法律等の一部を改正する法律」が成立し、6月5日に公布されました。

この改正法は、パワー・ハラスメント（パワハラ）に関する労働施策総合推進法の改正と、セクシュアル・ハラスメント（セクハラ）及びマタニティ・ハラスメント（マタハラ）に関する均等法の改正、育児・介護休業法の改正を含んでいます。特に、労働施策総合推進法の改正は、パワハラ防止法として大きく報道されました。

2 従前、パワハラの定義を明確に定めた法律はなかったのですが、労働施策総合推進法30条の2第1項で、「職場において行われる優越的な関係を背景とした言動であって、業務上必要かつ相当な範囲を超えたものによりその雇用する労働者の就業環境が害されること」と定義されました。その上で、パワハラに関する問題について、事業主に、雇用管理上必要な措置を講じる義務を課しています。この措置は、相談体制の整備などが想定されています。

　同条2項では，労働者が相談を行ったことなどによる不利益取扱いの禁止が定められ，同条3項では，厚生労働大臣が指針を定めることとされています。また，同法30条の3第2項では，研修の実施等の配慮についても定められています。

　このほか，雇用管理上必要な措置を講じていない事業主や，不利益取扱い禁止に違反している事業主に対しては，厚生労働大臣が勧告を行い，勧告に従わないときはその旨を公表すること（同法33条），労働局による紛争解決援助（同法30条の4～30条の8）などが定められています。

　パワハラに関する改正法は，令和2年6月1日に施行されました[1]。ただし，中小企業については，公布から3年の範囲内で政令で定める日まで，雇用管理上必要な措置を講じることは努力義務とされています[2]。

3　　セクハラ及びマタハラについては，法改正前から，事業主は，相談体制の整備等の雇用管理上必要な措置を取ることが義務付けられていました（均等法11条1項，11条の3第1項，育児・介護休業法25条1項）。

　今回の法改正で，労働者が相談を行ったことなどを理由とした不利益取扱いの禁止（均等法11条2項，11条の3第2項，育児・介護休業法25条2項），研修の実施等の配慮（均等法11条の2第2項，11条の4第2項，育児・介護休業法25条の2第2項）などが新たに定められました。セクハラ及びマタハラに関する改正法は，令和2年6月1日に施行されました[3]。

4　　改正法は，パワハラ，セクハラ，マタハラのいずれについても，役員や労働者個人に対しても努力義務を課している点が特徴です。

　改正法では，役員及び労働者は，個人として，パワハラ問題，セクハラ問題，

---

(1)　令和元年12月4日政令174号。
(2)　女性の職業生活における活躍の推進に関する法律等の一部を改正する法律（令和元年6月5日法律第24号）附則3条，令和元年6月5日付雇均発0605第1号。
(3)　令和元年12月4日政令174号。

マタハラ問題に対する関心と理解を深め，他の労働者に対する言動に必要な注意を払うように努めなければならない，とされています（労働施策総合推進法30条の 3 第 3 項～ 4 項，均等法11条の 2 第 3 項～ 4 項，11条の 4 第 3 項～ 4 項，育児・介護休業法25条の 2 第 3 項～ 4 項）。

5　　ハラスメント防止規程等で，パワハラ，セクハラ，マタハラの全てを対象としており，相談窓口の設置等の体制を整えている学校法人では，改正法に対する新しい対応は不要です。

　これに対し，ハラスメント防止規程がなかったり，パワハラやマタハラを対象としていない学校法人では，雇用管理上必要な措置として，規程の制定や改正，相談窓口の設置等の対応が必要となります。

　ハラスメント防止規程の作成例については，**Q72**を参照してください。

○労働施策総合推進法

（雇用管理上の措置等）
第30条の 2 　事業主は，職場において行われる優越的な関係を背景とした言動であつて，業務上必要かつ相当な範囲を超えたものによりその雇用する労働者の就業環境が害されることのないよう，当該労働者からの相談に応じ，適切に対応するために必要な体制の整備その他の雇用管理上必要な措置を講じなければならない。
2 　事業主は，労働者が前項の相談を行つたこと又は事業主による当該相談への対応に協力した際に事実を述べたことを理由として，当該労働者に対して解雇その他不利益な取扱いをしてはならない。
3 　厚生労働大臣は，前 2 項の規定に基づき事業主が講ずべき措置等に関して，その適切かつ有効な実施を図るために必要な指針（以下この条において「指針」という。）を定めるものとする。
4 ～ 6 　略
（国，事業主及び労働者の責務）
第30条の 3 　国は，労働者の就業環境を害する前条第一項に規定する言動を行つてはならないことその他当該言動に起因する問題（以下この条において「優越的言動問題」という。）に対する事業主その他国民一般の関心と理解を深めるた

め，広報活動，啓発活動その他の措置を講ずるように努めなければならない。

2　事業主は，優越的言動問題に対するその雇用する労働者の関心と理解を深めるとともに，当該労働者が他の労働者に対する言動に必要な注意を払うよう，研修の実施その他の必要な配慮をするほか，国の講ずる前項の措置に協力するように努めなければならない。

3　事業主（その者が法人である場合にあつては，その役員）は，自らも，優越的言動問題に対する関心と理解を深め，労働者に対する言動に必要な注意を払うように努めなければならない。

4　労働者は，優越的言動問題に対する関心と理解を深め，他の労働者に対する言動に必要な注意を払うとともに，事業主の講ずる前条第一項の措置に協力するように努めなければならない。

○均等法

（職場における性的な言動に起因する問題に関する雇用管理上の措置）

第11条　事業主は，職場において行われる性的な言動に対するその雇用する労働者の対応により当該労働者がその労働条件につき不利益を受け，又は当該性的な言動により当該労働者の就業環境が害されることのないよう，当該労働者からの相談に応じ，適切に対応するために必要な体制の整備その他の雇用管理上必要な措置を講じなければならない。

2　事業主は，労働者が前項の相談を行つたこと又は事業主による当該相談への対応に協力した際に事実を述べたことを理由として，当該労働者に対して解雇その他不利益な取扱いをしてはならない。

3　事業主は，他の事業主から当該事業主の講ずる第1項の措置の実施に関し必要な協力を求められた場合には，これに応ずるように努めなければならない。

4　略

（職場における性的な言動に起因する問題に関する国，事業主及び労働者の責務）

第11条の2　国は，前条第1項に規定する不利益を与える行為又は労働者の就業環境を害する同項に規定する言動を行つてはならないことその他当該言動に起因する問題（以下この条において「性的言動問題」という。）に対する事業主その他国民一般の関心と理解を深めるため，広報活動，啓発活動その他の措置を講ずるように努めなければならない。

2　事業主は，性的言動問題に対するその雇用する労働者の関心と理解を深めるとともに，当該労働者が他の労働者に対する言動に必要な注意を払うよう，研

修の実施その他の必要な配慮をするほか，国の講ずる前項の措置に協力するように努めなければならない。

3　事業主（その者が法人である場合にあつては，その役員）は，自らも，性的言動問題に対する関心と理解を深め，労働者に対する言動に必要な注意を払うように努めなければならない。

4　労働者は，性的言動問題に対する関心と理解を深め，他の労働者に対する言動に必要な注意を払うとともに，事業主の講ずる前条第一項の措置に協力するように努めなければならない。

（職場における妊娠，出産等に関する言動に起因する問題に関する雇用管理上の措置）

第11条の3　事業主は，職場において行われるその雇用する女性労働者に対する当該女性労働者が妊娠したこと，出産したこと，労働基準法第65条第1項の規定による休業を請求し，又は同項若しくは同条第2項の規定による休業をしたことその他の妊娠又は出産に関する事由であつて厚生労働省令で定めるものに関する言動により当該女性労働者の就業環境が害されることのないよう，当該女性労働者からの相談に応じ，適切に対応するために必要な体制の整備その他の雇用管理上必要な措置を講じなければならない。

2　第11条第2項の規定は，労働者が前項の相談を行い，又は事業主による当該相談への対応に協力した際に事実を述べた場合について準用する。

3〜4　略

（職場における妊娠，出産等に関する言動に起因する問題に関する国，事業主及び労働者の責務）

第11条の4　国は，労働者の就業環境を害する前条第一項に規定する言動を行つてはならないことその他当該言動に起因する問題（以下この条において「妊娠・出産等関係言動問題」という。）に対する事業主その他国民一般の関心と理解を深めるため，広報活動，啓発活動その他の措置を講ずるように努めなければならない。

2　事業主は，妊娠・出産等関係言動問題に対するその雇用する労働者の関心と理解を深めるとともに，当該労働者が他の労働者に対する言動に必要な注意を払うよう，研修の実施その他の必要な配慮をするほか，国の講ずる前項の措置に協力するように努めなければならない。

3　事業主（その者が法人である場合にあつては，その役員）は，自らも，妊娠・出産等関係言動問題に対する関心と理解を深め，労働者に対する言動に必要な注意を払うように努めなければならない。

4　労働者は，妊娠・出産等関係言動問題に対する関心と理解を深め，他の労働者に対する言動に必要な注意を払うとともに，事業主の講ずる前条第一項の措置に協力するように努めなければならない。

○育児・介護休業法

第25条　事業主は，職場において行われるその雇用する労働者に対する育児休業，
　　介護休業その他の子の養育又は家族の介護に関する厚生労働省令で定める制度
　　又は措置の利用に関する言動により当該労働者の就業環境が害されることのな
　　いよう，当該労働者からの相談に応じ，適切に対応するために必要な体制の整
　　備その他の雇用管理上必要な措置を講じなければならない。
2　事業主は，労働者が前項の相談を行ったこと又は事業主による当該相談への
　　対応に協力した際に事実を述べたことを理由として，当該労働者に対して解雇
　　その他不利益な取扱いをしてはならない。
(職場における育児休業等に関する言動に起因する問題に関する国，事業主及び労
　　働者の責務)
第25条の2　国は，労働者の就業環境を害する前条第一項に規定する言動を行っ
　　てはならないことその他当該言動に起因する問題（以下この条において「育児
　　休業等関係言動問題」という。）に対する事業主その他国民一般の関心と理解を
　　深めるため，広報活動，啓発活動その他の措置を講ずるように努めなければな
　　らない。
2　事業主は，育児休業等関係言動問題に対するその雇用する労働者の関心と理
　　解を深めるとともに，当該労働者が他の労働者に対する言動に必要な注意を払
　　うよう，研修の実施その他の必要な配慮をするほか，国の講ずる前項の措置に
　　協力するように努めなければならない。
3　事業主（その者が法人である場合にあっては，その役員）は，自らも，育児
　　休業等関係言動問題に対する関心と理解を深め，労働者に対する言動に必要な
　　注意を払うように努めなければならない。
4　労働者は，育児休業等関係言動問題に対する関心と理解を深め，他の労働者
　　に対する言動に必要な注意を払うとともに，事業主の講ずる前条第1項の措置
　　に協力するように努めなければならない。

Q66 どのような言動がセクシュアル・ハラスメントになるのですか。

1 セクシュアル・ハラスメント（セクハラ）の定義や具体的内容は，厚生労働省の指針が参考になります。

2 均等法11条１項は，事業主に対し，セクハラについて雇用管理上必要な措置を講じる義務を課しており，同条４項は，厚生労働大臣が，雇用管理上必要な措置に関する指針を定めることとしています。

同項に基づいて，「事業主が職場における性的な言動に起因する問題に関して雇用管理上講ずべき措置についての指針」が告示の形式で定められています[4]。

3 指針では，職場におけるセクハラを，対価型セクハラと環境型セクハラの２つに整理しています。一般にセクハラといわれる言動は，環境型セクハラを指すことが多いといえます。

① 対価型セクハラ

職場において行われる労働者の意に反する性的な言動に対する労働者の対応により，当該労働者が解雇，降格，減給等の不利益を受けること。

② 環境型セクハラ

職場において行われる労働者の意に反する性的な言動により労働者の就業環境が不快なものとなったため，能力の発揮に重大な悪影響が生じる等当該労働者が就業する上で看過できない程度の支障が生じること。

私立学校では，教職員から学生・生徒へのセクハラも問題となり得ますが，職場におけるセクハラとおおむね同じ定義を用いることができます。「職場」

---

(4) 平成18年厚生労働省告示615号。

を「学校」に，「労働者」を「学生・生徒」に，「就業」を「学習・研究」に置き換えればよいでしょう。

　なお，令和2年1月15日に指針が改正され，セクハラの加害者には，事業主・役員・上司・同僚に限らず，取引先，顧客，患者，生徒等もなり得ることが明示されました(5)。

4　　セクハラの定義のポイントは，次のように整理することができます。

- まず，教職員や学生に対する性的な言動か否かが最初のポイントです。性的な趣旨を含まない言動は，相手方に不快感を与えるものであっても，少なくともセクハラには当たりません。
- 性別は不問です。実際に問題となる事例は男性から女性に対する言動が多いのですが，女性から男性，あるいは同性間の言動でも，セクハラに該当することがあります。
- 学生・生徒と教職員，上司と部下などの上下関係があると，性的言動に対してはっきり "NO" ということは困難です。相手方が明示的に拒んでいなかったとしても，セクハラに当たらないとはいえません(6)。
- 就業や学習・研究に支障が生じるかどうかは，個性によって大きく異なります。標準といえる範囲を逸脱しない限り，被害者の感じ方が基準になります。
- セクハラの定義に当たる言動であれば，行為者に故意又は過失がなかったとしても，セクハラに当たらないとはいえません(7)。

5　　指針によると，次のような言動がセクハラとして例示されています。

---

(5)　令和2年1月15日厚生労働省告示6号。
(6)　最高裁平成27年2月26日判決・判例時報2253号107頁参照。
(7)　東京高裁令和元年6月26日判決・判例タイムズ1467号54頁（学校法人Y大学事件）。

① 対価型セクハラ

• 事務所内において事業主が労働者に対して性的な関係を要求したが，拒否されたため，当該労働者を解雇すること。

• 出張中の車中において上司が労働者の腰，胸等に触ったが，抵抗されたため，当該労働者について不利益な配置転換をすること。

• 営業所内において事業主が日頃から労働者に係る性的な事柄について公然と発言していたが，抗議されたため，当該労働者を降格させること。

② 環境型セクハラ

• 事務所内において上司が労働者の腰，胸等に度々触ったため，当該労働者が苦痛に感じてその就業意欲が低下していること。

• 同僚が取引先において労働者に係る性的な内容の情報を意図的かつ継続的に流布したため，当該労働者が苦痛に感じて仕事が手につかないこと。

• 労働者が抗議をしているにもかかわらず，事務所内にヌードポスターを掲示しているため，当該労働者が苦痛に感じて業務に専念できないこと。

6 　教職員から学生・生徒に対するセクハラは，例えば次のようなものが挙げられます。

① 対価型セクハラ

• 学生を何度も食事に誘ったが断られたため，その学生の論文指導を行わないこと。

• 遠方の学会へ出席する際に同室での宿泊を求め，応じなければ学会への出席を認めないこと[8]。

• 学校内で性的な事柄を話していたことに抗議した生徒について，調査書に不利益な記載をすること。

② 環境型セクハラ

• 授業中に，必要もないのに性的な話題を繰り返し，苦痛に感じた学生・生

---

(8)　仙台高裁秋田支部平成10年12月10日判決・判例時報1681号112頁参照。

徒が授業に集中できなくなっていること。

- 学生・生徒に対し，過去の交際歴や異性経験を執拗に尋ね，その学生・生徒が苦痛に感じて学習に専念できないこと。
- 個人的にSNSやメールでやり取りをする中で，学生・生徒の容姿に触れる内容や，個人的な好意を示す内容を送信するため，学生・生徒が教員との接触を避けるようになり，学習に支障が出ること。

○均等法

(職場における性的な言動に起因する問題に関する雇用管理上の措置)
第11条　事業主は，職場において行われる性的な言動に対するその雇用する労働者の対応により当該労働者がその労働条件につき不利益を受け，又は当該性的な言動により当該労働者の就業環境が害されることのないよう，当該労働者からの相談に応じ，適切に対応するために必要な体制の整備その他の雇用管理上必要な措置を講じなければならない。
2〜3　略
4　厚生労働大臣は，前項の規定に基づき事業主が講ずべき措置に関して，その適切かつ有効な実施を図るために必要な指針（次項において「指針」という。）を定めるものとする。

Q67　どのような言動がパワー・ハラスメントになるのですか。

1　平成24年に厚生労働省が公表した「職場のいじめ・嫌がらせ問題に関する円卓会議ワーキンググループ報告」がパワハラの定義を提唱しており，実務ではこの定義が定着しています。

2　ワーキンググループ（WG）の報告書では，職場におけるパワー・ハラスメントを，「同じ職場で働く者に対して，職務上の地位や人間関係などの職場内の優位性を背景に，業務の適正な範囲を超えて，精神的・身体的苦痛を与える又は職場環境を悪化させる行為をいう。」と定義しました。

　WG報告書が公表されるまでは，厚生労働省による定義は明らかでなく，パワハラの定義を述べた最高裁判例もなかったため，さまざまな定義が提唱されていました。WG報告書の採用した定義は，多くの下級審裁判例や学説が用いていた定義と概ね共通の内容だったため，実務でも広く受け入れられているといえます。平成30年に厚生労働省から公表された「職場のパワーハラスメント防止対策の検討会」報告書でも，同じ定義が踏襲されています。

3　令和元年の労働施策総合推進法の改正により，パワハラの定義に関する条文が追加されました。

　同法30条の2第1項では，「職場において行われる優越的な関係を背景とした言動であつて，業務上必要かつ相当な範囲を超えたものによりその雇用する労働者の就業環境が害されること」と定義されています。表現は異なりますが，WG報告書の定義と基本的に同じ内容と解されます。

　令和2年1月15日に，「事業主が職場における優越的な関係を背景とした言動に起因する問題に関して雇用管理上講ずべき措置等についての指針」[9]が策定されましたが，同指針も，「職場におけるパワーハラスメントは，職場にお

いて行われる①優越的な関係を背景とした言動であって，②業務上必要かつ相当な範囲を超えたものにより，③労働者の就業環境が害されるものであり，①から③までの要素を全て満たすものをいう」としています。

4 上記のパワハラの定義の①〜③は，いずれも，実際の事案で判断に悩むことが多いといえます。

　まず，職場内の優位性は，多くの場合，上司対部下，先輩対後輩，専任教職員対非専任教職員という形で表れます。もっとも，部下が優位に立つ人間関係が形成されている場合には，例外的に，部下から上司への言動がパワハラに当たることもあり得ます。微妙な表現ですが，上記の定義では，「優位性を利用して」ではなく，「優位性を背景として」としている点も重要です。殊更に地位や職種の違いを利用していなくても，実質的な上下関係が背景にあれば，パワハラに当たり得るということです。

　次に，業務上必要かつ相当な範囲を超える，という表現は，セクハラの定義には見られないものです。学校現場で職務に従事している以上，程度の差はあれ，人間関係の中で不愉快な思いをすることは避けられません。上司などからの叱責や指導は，業務上必要なものであれば，パワハラに当たらないということです。

　不愉快に感じる言動が常に違法なハラスメントに当たるものではないことは，裁判例でも言及されたことがあり，「いわゆるマナー違反あるいはエチケット違反といわれる類のものが民法上の不法行為を構成するわけではない。」「他人の私生活に立ち入って生活の平穏を害したり，他人の人格に立ち入って心的ストレスを与え，社会生活上の受忍すべき限度を超えて他人に不快感を及ぼす行為は違法」になるとされています(10)。

　指針でも，パワハラに当たるのは，業務上明らかに必要のない言動や，業務の目的を大きく逸脱した言動，業務遂行手段として不適当な言動等であること

---

(9)　令和2年1月15日厚生労働省告示5号。
(10)　札幌地裁平成23年4月7日判決（I市教育長事件）。

が指摘されています。

　最後に，労働者の就業環境が害されたというためには，単に不快な思いをしたというだけでは足りず，能力の発揮に重大な悪影響が生じるなど，就業する上で看過できない程度の支障が生じることが必要です。指針では，この判断に当たっては，個々の労働者ではなく，平均的な労働者の感じ方を基準にすることとされています。

5　WG報告書や指針では，次のような言動が，パワハラの具体例として挙げられています。

① 　身体的な攻撃（暴行・傷害）

② 　精神的な攻撃（脅迫・暴言等）

③ 　人間関係からの切り離し（隔離・仲間外し・無視）

④ 　過大要求（業務上明らかに不要なことや遂行不可能なことの強制，仕事の妨害）

⑤ 　過小要求（業務上の合理性なく，能力や経験とかけ離れた程度の低い仕事を命じることや仕事を与えないこと）

⑥ 　個の侵害（私的なことに過度に立ち入ること）

　もう少し具体的に考えると，次のような言動がパワハラに当たると考えられます。

① 　暴行・傷害…殴る，蹴る，物を投げつける[(11)]

② 　脅迫・暴言等…「バカ」「やるだけ無駄」「親の顔が見たい」などの人格を否定する発言，机をたたくなどの対物暴行[(12)]

③ 　人間関係からの切り離し…集団で無視する，業務に必要な連絡をしない，長期間にわたり別室へ隔離する

④ 　過大要求…正当な理由なく，特定の部下にだけ，勤務時間内に処理でき

---

(11)　東京高裁平成18年3月8日判決・労働判例910号90頁（ヨドバシカメラほか事件）参照。

(12)　東京高裁平成17年4月20日判決（A保険会社事件），福岡高裁平成20年8月25日判決・判例時報2032号52頁（海上自衛隊事件）参照。

ないほどの業務をさせる

⑤　過少要求…正当な理由なく，授業担当や校務分掌から外す，単純作業しか命じない(13)

⑥　個の侵害…職場外で継続的に監視する，私物の写真を撮る，性的指向・性自認・病歴・不妊治療等の機微な個人情報を無断で暴露する

6　なお，学校においては，教職員から学生・生徒へのパワハラも問題となり得ます。職場におけるパワハラの定義と概ね同様に考えることができるので，「職場」を「学校」に，「業務」を「教育・研究指導」に置き換えるなど表現を工夫すれば，学生・生徒へのパワハラの定義として利用することができます(14)。

○労働施策総合推進法

（雇用管理上の措置等）
第30条の2　事業主は，職場において行われる優越的な関係を背景とした言動であつて，業務上必要かつ相当な範囲を超えたものによりその雇用する労働者の就業環境が害されることのないよう，当該労働者からの相談に応じ，適切に対応するために必要な体制の整備その他の雇用管理上必要な措置を講じなければならない。
2～6　略

---

(13)　東京高裁平成5年11月12日判決・判例タイムズ849号206頁（松蔭学園事件）参照。
(14)　私立高校の校長から生徒に対する「邪魔者」などの発言を「甚だ不適切な態様」としつつ，教育的指導の範囲を逸脱したとまではいえないと述べて違法性を否定した事案として，広島地裁平成25年2月15日判決・判例時報2196号80頁。

コラム

厳しい指導か，パワハラか

　パワハラが問題であるという認識が広まるのと並行して，部下や後輩への指導がやりにくくなったという声を聴くようになりました。業務上必要な指導ができなくなると，長期的に見れば職場の生産性を下げますし，スキルアップの機会を逃すという点では部下や後輩にとっても良いことではありません。本文で述べたとおり，業務の適正な範囲内の言動はパワハラではないのですが，この点が見過ごされているようです。とはいえ，指導の名を借りて，部下や後輩に対して，人格非難としか思えないような言動をする管理職やベテラン教職員が存在することも事実です。多くの職場では，必要な指導とパワハラの判断基準を模索しているのが実態のようです。

　弁護士の経験からは，指導を受ける部下や後輩にとって解決可能な内容かどうかを重視すべきように思います。例えば，上司から「バカ」「親の顔が見たい」などといった叱責を受けた教職員は，返答のしようがないですし，今後どのような姿勢で業務に臨めば良いのかもわかりません。部下や後輩に厳しい指導が必要と考えたときは，どのような改善点があるのか具体的に指摘することに重点を置けば，パワハラと言われる可能性は小さくなるのではないでしょうか。

　なお，厚生労働省が作成した「あかるい職場応援団」というウェブサイトでは，パワハラに当たる言動・当たらない言動の具体例を扱った動画などが公表されており，参考になります。

Q68 どのような言動がマタニティ・ハラスメントになるのですか。

1 マタニティ・ハラスメント（マタハラ）とは，教職員が妊娠・出産・育児を理由に不利益を受けることや，妊娠・出産・育児に関する制度を利用したことで不利益を受けることをいいます。均等法9条，11条の3，育児・介護休業法10条，25条等に，マタハラに関係する規定があります。

男性教職員の育児休業取得を妨げる行為のように，父親であることを理由とした言動の場合，パタニティ・ハラスメントと呼ぶことがあります。

2 厚生労働省が策定した「事業主が職場における妊娠，出産等に関する言動に起因する問題に関して雇用管理上講ずべき措置についての指針」(15) では，マタハラを，①制度利用等への嫌がらせ型と，②状態への嫌がらせ型に整理しています。

この指針は，妊娠又は出産を理由とする言動にだけ言及していますが，実務では，育児に関する言動も加えて，マタハラと呼ぶことが多いようです(16)。

① 制度利用等への嫌がらせ型

産前産後休業や軽易業務への転換（労基法65条），時間外・休日・深夜勤務の制限（労基法66条），育児時間（労基法67条）等，妊娠・出産に関する制度・措置の利用に関する言動により就業環境が害されるもの。

② 状態への嫌がらせ型

妊娠又は出産に関する言動により就業環境が害されるもの。

---

(15) 平成28年厚生労働省告示312号。

(16) 平成27年1月23日付雇児発0123第1号は，妊娠・出産に加えて，育児休業の申出・取得を契機とした不利益取扱いに言及しています。

3　　具体的には，次のような言動がマタハラに当たります。上司や役員の言動だけでなく，同僚など，上下関係がない教職員の言動もマタハラになり得る点に注意が必要です[17]。

- 妊娠を理由に，解雇や雇止め等の不利益措置を示唆すること
- 解雇や左遷をほのめかして，育児休業を取れないようにすること
- 育児休業の申出を取り下げるよう勧奨すること
- 産前産後休業や育児休業を取得して復職した教職員に，仕事を与えないこと[18]

ただし，業務分担や安全配慮など，業務上の必要性に基づく言動まで禁止されるわけではありません。業務の引継ぎのために育児休業取得時期を確認することや，繁忙期を避けるよう検診日の調整を依頼すること，体調に配慮して軽作業に転換すること，休業中の代替要員の調整をするために出産予定日を確認することなどは，いずれもマタハラに当たりません。

なお，令和2年1月15日に指針が改正され，妊娠・出産等に関する否定的な言動の例として，不妊治療に関する否定的な言動が追加されています[19]。

4　　労働政策研究・研修機構の調査[20]によると，妊娠等を理由に何らかの不利益取扱いを受けたと回答した労働者が全体の21.4%で，派遣労働者に限定すると45.3%に上るとされています。

不利益取扱いの内容は，「迷惑」「辞めたら？」などの権利を主張しづらくする発言が圧倒的に多く，47%に上ります（複数回答）。このほか，解雇，雇止め，退職や非正規雇用への転換の強要，賞与の不利益算定，人事考課での不利

---

[17]　事業主が職場における妊娠，出産等に関する言動に起因する問題に関して雇用管理上講ずべき措置についての指針（平成28年厚生労働省告示312号）2(4)〜(5)参照。

[18]　学校法人の対応が不法行為に当たるとした事例として，東京高裁平成5年11月12日判決・判例タイムズ849号206頁（松蔭学園事件）があります。

[19]　令和2年1月15日厚生労働省告示6号。

[20]　妊娠等を理由とする不利益取扱い及びセクシュアルハラスメントに関する実態調査（平成28年3月1日）。

益な評価等の回答が多いようです。

　マタハラに当たるかどうかは個々の事例に応じて判断されるものですが，役員や教職員が，妊娠等をした教職員に対して，調査結果に挙げられているような言動をすることがないよう，周知・啓発を行うべきでしょう。

○均等法

（婚姻，妊娠，出産等を理由とする不利益取扱いの禁止等）
第9条　事業主は，女性労働者が婚姻し，妊娠し，又は出産したことを退職理由として予定する定めをしてはならない。
2　事業主は，女性労働者が婚姻したことを理由として，解雇してはならない。
3　事業主は，その雇用する女性労働者が妊娠したこと，出産したこと，労働基準法（昭和22年法律第49号）第65条第1項の規定による休業を請求し，又は同項若しくは同条第2項の規定による休業をしたことその他の妊娠又は出産に関する事由であつて厚生労働省令で定めるものを理由として，当該女性労働者に対して解雇その他不利益な取扱いをしてはならない。
4　妊娠中の女性労働者及び出産後1年を経過しない女性労働者に対してなされた解雇は，無効とする。ただし，事業主が当該解雇が前項に規定する事由を理由とする解雇でないことを証明したときは，この限りでない。
（職場における妊娠，出産等に関する言動に起因する問題に関する雇用管理上の措置）
第11条の3　事業主は，職場において行われるその雇用する女性労働者に対する当該女性労働者が妊娠したこと，出産したこと，労働基準法第65条第1項の規定による休業を請求し，又は同項若しくは同条第2項の規定による休業をしたことその他の妊娠又は出産に関する事由であつて厚生労働省令で定めるものに関する言動により当該女性労働者の就業環境が害されることのないよう，当該女性労働者からの相談に応じ，適切に対応するために必要な体制の整備その他の雇用管理上必要な措置を講じなければならない。

○育児・介護休業法

（不利益取扱いの禁止）
第10条　事業主は，労働者が育児休業申出をし，又は育児休業をしたことを理由として，当該労働者に対して解雇その他不利益な取扱いをしてはならない。

（職場における育児休業等に関する言動に起因する問題に関する雇用管理上の措置
　等）
第25条　事業主は，職場において行われるその雇用する労働者に対する育児休業，
　　介護休業その他の子の養育又は家族の介護に関する厚生労働省令で定める制度
　　又は措置の利用に関する言動により当該労働者の就業環境が害されることのな
　　いよう，当該労働者からの相談に応じ，適切に対応するために必要な体制の整
　　備その他の雇用管理上必要な措置を講じなければならない。

学生・生徒へのマタハラの可能性

　本文で述べたとおり，教職員に対するマタハラについては法令の整備が進みつつあり
ます。これに対し，学生・生徒が妊娠・出産・育児をする場合にどのような措置を取る
べきか，法令では全く触れられていません。

　学生・生徒の妊娠等は，大学や大学院ではしばしば見かける事例ですし，高等学校な
どでも起きうる事例です。報道では，妊娠した女子生徒に自主退学を勧奨する高等学校
の対応が問題視されたこともあります。

　学生・生徒も，教職員と同様に，妊娠・出産・育児を理由に不利益を受けることが
あってはなりません。このような事例に対応する際には，本人の希望をよく聴いた上で，
教職員の産前産後休業や育児休業に準じて休学を認めるなど，柔軟な配慮をすることが
望まれます。

どのような言動がアカデミック・ハラスメントになるのですか。

1 アカデミック・ハラスメント（アカハラ）は，教育・研究における力関係を背景にした嫌がらせや不利益措置を指します。もっとも，セクハラ，パワハラ，マタハラと異なり，法令に根拠がなく，確立した判例もないため，論者によってさまざまな定義が用いられています。

2 アカハラは，教育・研究機関で生じることや，被害者が受ける不利益も教育・研究に関する内容が多いことから，他のハラスメントとは別の定義を用いることが妥当です。パワハラと重なる面もありますが，教育・研究機関に特有の事象を指して，アカハラと呼んでいます。

私見ですが，次の要素を満たす言動がアカハラに当たると解されます。

① 学校等の教育・研究機関における言動であること

② 教育研究上の上下関係を背景にした言動であること

③ 教育・研究上必要な限度を超えた言動であること

④ 相手方が精神的・身体的な苦痛を受け，又は教育・研究における不利益を被ること

なお，行為者に故意又は過失がなかったとしても，それだけでアカハラに当たらないということはできません[21]。

3 アカハラは，教員対学生・生徒の関係，教員対教員の関係，どちらでも起こり得ます。教員対学生・生徒の関係では，次のような言動が，アカハラに当たる可能性があります。

• 授業を受けさせないこと

---

[21] 東京高裁令和元年6月26日判決・判例タイムズ1467号54頁（学校法人Y大学事件）。

- 学位論文の指導を拒否すること
- 学位論文を受理しないこと
- 学会活動や教員個人の研究活動を無償で手伝わせること
- 専攻の変更を迫ること
- 本人の意思に反して，自主退学や休学を迫ること[22]

4　　教員対教員の関係では，次のような言動が，アカハラに当たる可能性
があります。

- 研究テーマを押し付けること
- 若手教員の研究成果を自分のものにすること
- 論文を共著にするよう強要すること
- 論文の共著者から外すこと
- 他大学への出講を認めないこと[23]
- 研究者としての評価を毀損する内容を吹聴すること[24]
- 自主退職を迫ること

5　　アカハラについては，「学問的な」という意味の語を避けて，「キャン
パス・ハラスメント」「スクール・ハラスメント」と呼ぶこともありま
す。

　もっとも，単に学校で起きるハラスメントを指す意味でこのような表現が用
いられることもあります。

---

[22]　国立大学の大学院において，本人の意向や事情に配慮せず休学を勧奨したことを理由に，
大学設置者に慰謝料の支払いを命じた事例として，岐阜地裁平成21年12月16日判決（控訴
審は名古屋高裁平成22年11月4日判決）があります。

[23]　医科大学の教授が助手の兼業承認申請を拒否したことは違法だとして慰謝料の支払いを
命じた事例に，大阪高裁平成14年1月29日判決・判例タイムズ1098号234頁（奈良医科大
学事件）があります。

[24]　医科大学の教授が，衆人環視の下で殊更に侮蔑的な表現を用いて助教授の名誉を毀損し
たことを理由に慰謝料の支払いを命じた事例として，東京地裁平成15年7月15日判決・労
働判例865号57頁（東京女子医科大学事件）があります。

　いずれの用語も，法令に定義を持たないため，各学校法人が定めるハラスメント防止規程やガイドラインの定義に従うこととなります。

ハラスメント防止のために，学校法人が取っておくべき措置を教えてください。

1　セクハラに関しては，厚生労働省の指針[25]が，雇用管理上講ずべき措置を詳細に説明しています。また，Q66〜Q68で触れたとおり，令和2年1月15日に，パワハラ及びマタハラに対して講ずべき措置に関する指針が公表されています[26]。今後は，セクハラ，パワハラ，マタハラ，アカハラを含め，ハラスメント全体に共通する措置を講じることが適切です。

2　上記の指針では，学校法人が取るべき措置は，次のとおり，大きく4つに分けることができます。

① ハラスメント防止に関する方針の明確化と，周知・啓発
② 相談・苦情に適切に対応するための体制の整備
③ 実際にハラスメント事案が生じた際の迅速かつ適切な対応
④ 当事者のプライバシーの保護，相談をしたこと等を理由とする不利益取扱いの禁止

3　まず，①については，ハラスメント防止に関する規程を制定し，ハラスメントの定義や，ハラスメントに該当する言動の禁止，懲戒の対象になることなどを定めることが必要です。

その上で，教授会や職員会議等で配布する，学内報の記事にする，掲示板や学内ネットワークへ掲載するなどの方法で，教職員や学生・生徒に周知するこ

---

[25]　事業主が職場における性的な言動に起因する問題に関して雇用管理上講ずべき措置についての指針（平成18年厚生労働省告示615号）。
[26]　事業主が職場における優越的な関係を背景とした言動に起因する問題に関して雇用管理上講ずべき措置等についての指針（令和2年1月15日厚生労働省告示5号），事業主が職場における妊娠，出産等に関する言動に起因する問題に関して雇用管理上講ずべき措置についての指針（令和2年1月15日厚生労働省告示6号）。

ととなります。学校法人によっては，規程の内容を平易にしたガイドラインを制定したり，リーフレットを作成したりして，周知・啓発に努めているところもあります。また，全教職員対象の研修会を定期的に行うなど，より積極的な啓発も望まれます。

ハラスメントの防止に関する規程の作成例は，Q72を参照してください。

4　次に，②については，相談窓口を設置し，相談員の氏名・連絡先等を教職員や学生・生徒に公表することとなります。学内だけでなく，法律事務所等の外部機関に相談対応を依頼することも考えられます。

相談窓口では，相談に応じるだけでなく，必要に応じて，人事部門や教学部門と情報を共有し，連携して事案に対応できるようにしておくことが適切です。

5　③については，ハラスメント防止規程で，調査員ないし調査委員会の設置，相談窓口から調査機関へつなぐ手続き，調査結果の取扱い，懲戒手続との関係などを定めておくことが必要です。

実際にハラスメント事案が生じた場合の対応は，原則として，事実調査→原因究明→再発防止策と解決策の提示→加害者の処分，の順序で行います。往々にして，最初に加害者の懲戒処分を検討しがちですが，懲戒処分の対象となる事実とハラスメントが発生した原因を特定しないと，懲戒処分は決められないはずです。また，加害者が在職し続ける限り，懲戒処分は，再発防止策や解決策にはなりません。被害者の意向に配慮しつつ，人事異動や謝罪の機会を設けるなど，職場環境をどのようにして回復させるのか，懲戒処分と合わせて検討する必要があります。

なお，令和2年1月15日の指針の改正により，性的な言動の行為者が他の事業主が雇用する労働者等である場合には，その事業主に協力を求めることも，迅速かつ適切な対応に含まれることが加筆されました。逆に，学校法人の教職員が他の事業主が雇用する労働者等にセクハラを行った疑いがある場合には，その事業主の調査等に協力するよう努めることなども加筆されています。

6 　④のうち，ハラスメントに関する相談をしたことや，事実関係の確認に協力したことを理由に不利益な取扱いをしてはならないことは，令和元年の法改正で，明文で定められました[27]。不利益な措置とは，教職員であれば，解雇，雇止め，退職勧奨，賞与での不利な査定，本人の意に反した自宅待機命令などが想定されます。学生・生徒であれば，退学勧奨，成績評価の引下げ，授業への出席停止，論文指導の拒否などが想定されます。

　プライバシーの保護については，相談者や被害者だけでなく，ハラスメントの加害者とされた者についても問題となります。相談員，調査委員などの関係者には，ハラスメント防止規程などで守秘義務を課しておくべきでしょう。

　教職員や学生・生徒には，相談窓口へ相談したことを理由に不利益な取扱いを受けることはなく，相談内容等のプライバシーは守られることも周知しておくことが適切です。

---

[27]　労働施策総合推進法30条の2第2項，均等法11条2項，11条の3第2項，育児・介護休業法25条2項。

Q71 ハラスメントに関する最高裁判決があるのですか。

1 　平成26年から平成27年にかけて，マタハラとセクハラについて，相次いで最高裁の判決が公表され，注目されました。

2 　まず，平成26年10月23日の最高裁判決[28]は，生活協同組合で副主任の地位にあったXが，労基法65条3項に基づく妊娠中の軽易作業への転換に際して副主任を免じられ，復職後も副主任に戻されなかったことから，均等法9条3項に違反すると主張して，副主任手当や慰謝料の支払いを求めた事案です。

この事案で，広島高裁[29]は，人事に関する使用者の裁量を広く認めた上で，Xが同意していたことを指摘して，請求を棄却しました。これに対し，最高裁は，軽易業務への転換を契機とした降格は均等法が禁止する不利益取扱いに当たり，労働者が自由意思で降格を承諾したと認めるに足りる合理的な理由がない限り，違法であるとしました[30]。この事案は，マタハラ訴訟として大きく報道され，マタハラに関する法改正の契機の1つとなりました。

最高裁判決は，軽易業務への転換を契機として降格させる措置が原則として無効である点について，次のように述べています。

---

[28] 　最高裁平成26年10月23日判決・判例タイムズ1410号47頁（広島中央保健協同組合事件）。

[29] 　広島高裁平成24年7月19日・労働判例1100号15頁。

[30] 　差戻後の控訴審判決は，副主任を免じられることにつきXの「自由意思に基づく承諾があったと認定し得る合理的な理由が客観的に存在するとはいえない」として，副主任手当及び慰謝料等として175万円余りの支払いを命じました。広島高裁平成27年11月17日判決・労働判例1127号5頁。

◆最高裁平成26年10月23日判決（広島中央保健協同組合事件）

> 「女性労働者につき，妊娠，出産，産前休業の請求，産前産後の休業又は軽易業務への転換等を理由として解雇その他不利益な取扱いをすることは，同項〔均等法9条3項〕に違反するものとして違法であり，無効であるというべきである。」
>
> 「女性労働者につき妊娠中の軽易業務への転換を契機として降格させる事業主の措置は，原則として同項の禁止する取扱いに当たるものと解されるが，当該労働者が軽易業務への転換及び上記措置により受ける有利な影響並びに上記措置により受ける不利な影響の内容や程度，上記措置に係る事業主による説明の内容その他の経緯や当該労働者の意向等に照らして，当該労働者につき自由な意思に基づいて降格を承諾したものと認めるに足りる合理的な理由が客観的に存在するとき，又は事業主において当該労働者につき降格の措置を執ることなく軽易業務への転換をさせることに円滑な業務運営や人員の適正配置の確保などの業務上の必要性から支障がある場合であって，その業務上の必要性の内容や程度及び上記の有利又は不利な影響の内容や程度に照らして，上記措置につき同項の趣旨及び目的に実質的に反しないものと認められる特段の事情が存在するときは，同項の禁止する取扱いに当たらないものと解するのが相当である。」
>
> 「育児休業終了後の副主任への復帰の可否等につき事前に認識を得る機会を得られないまま，本件措置の時点では副主任を免ぜられることを渋々ながら受入れたにとどまるものであるから，…〔中略〕…自由な意思に基づいて降格を承諾したものと認めるに足りる合理的な理由が客観的に存在するということはできないというべきである。」

3　　次に，平成27年2月26日の最高裁判決[31]は，水族館を運営する会社でのセクハラに関する事案です。

　この事案で，水族館を運営するY社の男性従業員（Xら）は，複数の女性従業員に対する性的な発言のセクハラを理由に出勤停止の懲戒処分を受け，さらに下位の等級への降格となったため，処分が重すぎるとして訴訟を提起しました。大阪高裁はXらの主張を認めて出勤停止の懲戒処分と降格処分をいずれも無効としたのですが[32]，最高裁は高裁判決を破棄し，両処分は有効だとしてX

---

(31)　最高裁平成27年2月26日判決・判例タイムズ1413号88頁（海遊館事件）。
(32)　大阪高裁平成26年3月28日判決・労働判例1099号33頁。

らの請求を棄却しました。

最高裁判決では，次のように指摘されています。

◆最高裁平成27年2月26日判決（海遊館事件）

> 「Ｘらが職場において1年余にわたり繰り返した上記の発言等の内容は，いずれも女性従業員に対して強い不快感や嫌悪感ないし屈辱感等を与えるもので，職場における女性従業員に対する言動として極めて不適切なものであって，その執務環境を著しく害するものであったというべきであり，当該従業員らの就業意欲の低下や能力発揮の阻害を招来するものといえる。」
>
> 「Ｙの管理職として…〔中略〕…セクハラの防止のために部下職員を指導すべき立場にあったにもかかわらず，派遣労働者等の立場にある女性従業員らに対し，職場内において1年余にわたり上記のような多数回のセクハラ行為等を繰り返したものであって，その職責や立場に照らしても著しく不適切なものといわなければならない。」
>
> 「職場におけるセクハラ行為については，被害者が内心でこれに著しい不快感や嫌悪感等を抱きながらも，職場の人間関係の悪化等を懸念して，加害者に対する抗議や抵抗ないし会社に対する被害の申告を差し控えたりちゅうちょしたりすることが少なくないと考えられる…〔中略〕…そのことをもってＸらに有利にしんしゃくすることは相当ではない。」

以前は，身体的接触を伴わないセクハラに対して重い懲戒処分を行う事例は少なく，被害者が拒絶の意思をはっきり示していなかったことを，加害者に有利な事情として考慮することも珍しくありませんでした。

この最高裁判決が公表された後は，言葉によるセクハラも重大な非違行為であるという認識が広まっており，被害者が拒絶の意思を明確にしていなくても「相手方の意に反する」ことがあり得ることも，一般的な認識となっています。

Q72　ハラスメント防止規程のひな型はありますか。

1　ハラスメントの防止に関する規程は，次のような内容で作成すること
が考えられます。

≪ハラスメントの防止に関する規程の作成例≫

学校法人○○学園　ハラスメントの防止に関する規程

（目的）
第1条　この規程は，学校法人○○学園（以下，「学園」という。）において，
ハラスメントの防止及びハラスメントに起因する問題が生じた場合の措置に
ついて必要な事項を定めることを目的とする。
（定義）
第2条　この規程において，次の各号に掲げる用語の意義は，当該各号に定め
るところによる。
　(1)　ハラスメント
　　　セクシュアル・ハラスメント，パワー・ハラスメント，マタニティ・ハ
　　ラスメント及びアカデミック・ハラスメントをいう。
　(2)　セクシュアル・ハラスメント
　　　対価型セクシュアル・ハラスメント及び環境型セクシュアル・ハラスメ
　　ントをいう。
　(3)　対価型セクシュアル・ハラスメント
　　　学校において行われる相手方の意に反する性的な言動に対する，当該相
　　手方の対応により，当該相手方が不利益な取扱いを受けることをいう。
　(4)　環境型セクシュアル・ハラスメント
　　　学校において行われる相手方の意に反する性的な言動により，当該相手
　　方の就業・学習・研究環境が不快なものとなったため，能力の発揮に重大

な悪影響が生じるなど，就業・学習・研究をする上で看過できない程度の支障が生じることをいう。

(5) パワー・ハラスメント

　学校における地位や人間関係などの優位性を背景に，業務・教育・指導の適正な範囲を超えて，精神的・身体的苦痛を与え，又は就業・学習・研究環境を悪化させる行為をいう。

(6) マタニティ・ハラスメント

　妊娠，出産又は育児に関する言動により，就業・学習・研究環境を悪化させる行為をいう。

(7) アカデミック・ハラスメント

　教育・研究上の優位性を背景にして行う不適切な言動により，相手方の研究意欲を低下させ，又は研究環境を悪化させることで，相手方が研究をする上で看過できない程度の支障を生じることをいう。

(学園の責務)

第3条　学園は，ハラスメントによって就業・学習・研究環境が害されることがないよう，この規程に基づき，必要な措置を講じるものとする。

(理事長等の責務)

第4条　理事長は，学園におけるハラスメントの防止及び対応に関する事務を総括する。

2　学園の設置する学校（以下，「各学校」という。）の長は，各学校の構成員に対しこの規程を周知させ，ハラスメントの防止に努めなければならない。

(教職員等の責務)

第5条　学園に勤務する教職員（役員を含む。以下同じ。）は，ハラスメントに該当する行為をしてはならない。

2　教職員は，ハラスメント問題に対する理解と関心を深めるように努めなければならない。

(ハラスメント防止対策委員会)

第6条　学園に，ハラスメント防止対策委員会（以下，「防止対策委員会」という。）を設置する。

2　防止対策委員会は，次に掲げる事項を審議する。

(1) ハラスメント防止のための啓発及び研修に関する事項

(2) ハラスメント問題の情報収集に関する事項

(3) 相談員（第10条第1項に定める相談員をいう。以下同じ。）の職務に関す

　　る事項
　⑷　相談員からの報告に関する事項
　⑸　調査委員会（第13条に定める調査委員会をいう。）の設置に関する事項
　⑹　ハラスメントの再発防止に関する事項
　⑺　前各号のほか，ハラスメントに関する重要事項
3　防止対策委員会は，前項の任務について，必要に応じ，理事長又は各学校
　の長に対し報告又は提言をすることができる。
（防止対策委員会の構成）
第7条　防止対策委員会は，次に掲げる教職員をもって構成する。
　⑴　理事のうちから理事長が指名した者　1名
　⑵　事務局長が指名した事務職員　2名
　⑶　各学校の校長が指名した教育職員　各1名
　⑷　前各号のほか，理事長が指名した教職員　若干名
2　前項第1号の委員は理事の地位を退いたとき，前項第2号ないし第4号の
　委員は教職員の地位を退いたときは，委員の地位をも退くものとする。
3　委員の選任に際しては，男性及び女性が少なくとも1名は含まれるように
　しなければならない。
4　防止対策委員会に委員長を置き，第1項第1号の委員をこれに充てる。
（委員の任期）
第8条　防止対策委員会の委員の任期は2年とし，再任を妨げない。ただし，
　補充の委員の任期は，前任者の残任期間とする。
（会議）
第9条　防止対策委員会の会議は，委員長が招集し，委員長が議長となる。
2　会議は，委員の過半数の出席がなければ開催することができない。
3　会議の議事は，出席した委員の過半数の賛成をもって決する。
4　会議は，非公開で行う。
5　委員は，会議の内容を他に漏らしてはならない。
6　会議には，必要に応じ委員以外の者を出席させ，報告又は意見を聴くこと
　ができる。
7　会議には，議事録の作成その他の事務を行わせるため，○○部○○課の職
　員を陪席させることができる。
8　会議の開催の都度，議事録を作成する。議事録には，委員長の指名した委
　員2名が署名・捺印しなければならない。

（相談員）

第10条　学園にハラスメント相談窓口を設け，ハラスメント相談員（以下，「相談員」という。）を置く。

2　相談員は5名とし，防止対策委員会の推薦を受けて，理事長が任命する。

3　相談員には，男性及び女性が少なくとも2名含まれるようにしなければならない。

4　相談員の所属及び氏名は，学園のウェブサイトで公開する。

（相談員の任期）

第11条　相談員の任期は2年とし，再任を妨げない。ただし，補充の相談員の任期は，前任者の残任期間とする。

（相談員の任務）

第12条　相談員の任務は，次のとおりとする。

　(1)　ハラスメントに関する相談に応じること

　(2)　相談者に対し，必要に応じ助言を行うこと

　(3)　相談内容を防止対策委員会に報告すること

2　相談員は，相談及び助言の内容を，所定の様式で記録しなければならない。

3　相談員は，相談及び助言の内容を，他に漏らしてはならない。

（ハラスメント調査委員会）

第13条　理事長は，相談員の対応では解決できないハラスメント事案が発生したときは，防止対策委員会の審議を経て，ハラスメント調査委員会（以下，「調査委員会」という。）を設置する。

2　調査委員会は，理事長が指名する調査委員をもって組織する。

3　調査委員の人数は，3名以上5名以内とする。

4　調査委員には，男性及び女性が少なくとも1名含まれるようにしなければならない。

5　当該事案に直接の利害関係を有する者は，調査委員になることができない。

6　調査委員には，必要に応じ，学外の有識者を選任することができる。

（調査委員会の任務）

第14条　調査委員会は，当該事案について，事情聴取，証拠収集その他必要な調査を行う。

2　調査委員会は，当事者，相談員，その他の関係者から中立公平な立場で事情聴取を行い，必要に応じ関係書類の提出を求めることができる。

3　調査委員会は，前各項の調査を，一部の委員に行わせ又は学園の教職員の

補助を受けて行うことができる。

4　調査委員会は，調査開始後1か月以内に調査を終了させるよう努めなけれ
ばならない。ただし，当事者が多数である，事案が複雑であるなど特段の事
情がある場合は，この限りでない。

5　調査委員会は，調査結果を，書面で理事長へ報告するものとする。

6　調査委員は，調査の内容を，他に漏らしてはならない。

（調査終了後の対応）

第15条　理事長は，ハラスメントに該当する事案があったと認めたときは，指導，
異動，懲戒その他必要な措置を講じるものとする。

2　懲戒に関する事項は，懲戒規程及び懲戒委員会規程の定めるところによる。

3　理事長は，前条の調査結果を受け，必要に応じ再発防止策を講じるものと
する。

（遵守事項）

第16条　教職員及び学生・生徒は，ハラスメントに関する相談及び事情聴取に
際しては，虚偽を述べてはならない。

2　学園は，ハラスメントに関する相談をしたこと又は調査に協力したことを
理由に，教職員又は学生・生徒に対し，不利益な取扱いをしてはならない。

3　この規程に基づいてハラスメント問題にかかわる者は，当事者及び関係者
の名誉，プライバシー等に十分に配慮しなければならない。

（事務）

第17条　この規程に関する事務は，○○部○○課が所管する。

（改廃）

第18条　この規程の改廃は，理事会の決議によって行う。

付　　則

1．この規程は，令和2年4月1日から施行する。

2　ハラスメントの防止に関する規程を作成する際の留意点は，次のとお
りです。

①　学校法人は，セクハラ，パワハラ，マタハラに関する問題が生じないよ
う，必要な措置を講じる義務があります[33]。防止規程の制定は，この措置
の一環に位置付けられるものです。

② 作成例2条のハラスメントの定義は，厚生労働省の資料⁽³⁴⁾を参考にしていますが，学生・生徒も対象となるようにアレンジしています。時折，「相手方に精神的苦痛を与える行為」といった抽象的な定義を用いる学校法人がありますが，業務上又は教育上必要な指導までハラスメントになりかねないため，作成例のように具体的な定義を用いるべきでしょう。

③ 令和元年の法改正で，事業主及び労働者は，ハラスメントに関する理解と関心を深め，自らの言動に必要な注意を払うように努めなければならないこととされました⁽³⁵⁾。これを受けて，作成例5条2項は，役員及び教職員に対し，ハラスメントに関する理解と関心を深めることを求めています。

④ ハラスメント防止のための啓発等を所管する委員会として，作成例6条で常設の防止対策委員会を設けることとしています。作成例13条では，個別事案の調査は臨時に設置する調査委員会が行うこととして，機動的な調査ができるようにしています。

⑤ ハラスメントがあったと認定した場合，懲戒を検討することとなりますが，懲戒に関する規程と重複した内容を定めないようにしておく必要があります。作成例15条2項では，懲戒に関する事項は懲戒規程及び懲戒委員会規程に従うことを確認しています。

⑥ 令和元年の法改正で，不利益取扱いの禁止が明示されました⁽³⁶⁾。作成例16条2項は，この点を明確にしたものです。

---

(33) 均等法11条1項，労働施策総合推進法30条の2第1項，育児・介護休業法25条1項。

(34) 事業主が職場における性的な言動に起因する問題に関して雇用管理上講ずべき措置についての指針（平成18年厚生労働省告示615号），「職場のパワーハラスメント防止対策についての検討会」報告書（平成30年3月），事業主が職場における妊娠，出産等に関する言動に起因する問題に関して雇用管理上講ずべき措置についての指針（平成28年厚生労働省告示312号）。

(35) 均等法11条3項〜4項，労働施策総合推進法30条の3第3項〜4項，育児・介護休業法25条2項。

(36) 均等法11条2項，労働施策総合推進法30条の2第2項，育児・介護休業法25条の2第3項〜4項。

第 8 章

その他の改正点

Q73 産業医・産業保健機能に関する法改正の概要を教えてください。

1 　働き方改革法では，産業医・産業保健機能の強化に関して，以下に述べるとおり，いくつかの改正が行われました。

2 　産業医は，教職員の健康管理等を行うために必要な医学に関する知識に基づいて，誠実に職務を行わなければならない旨が明示されました（安衛法13条3項）。産業医の独立性と中立性の強化を意図したものです[(1)]。

　また，産業医は，教職員の健康管理等を行うために必要な医学に関する知識及び能力の維持向上に努めなければならないことが新たに明示されたほか（安衛規則14条7項），産業医の権限を具体化する定めが追加されています（安衛規則14条の4）。

---

(1)　平成30年9月7日付基発0907第2号。

3 産業医を選任した学校法人は，産業医に対して，教職員の労働時間に関する情報等，産業医がその職務を適切に行うために必要な情報を提供しなければならない旨が定められました（安衛法13条4項，安衛規則14条の2）。

長時間労働の是正との関係では，1週間に40時間を超える労働時間が1か月あたり80時間超となった教職員に関する情報の提供が義務付けられた点が重要です（安衛規則14条の2第1項2号）。

4 法改正前から，産業医は，教職員の健康管理について必要があれば，学校法人に対して勧告を行うことができること，学校法人は産業医の勧告を尊重しなければならないことが定められていました（改正前の安衛法13条3項〜4項，改正後は同条5項）。

法改正により，学校法人は，産業医から勧告を受けたときは，勧告の内容と，勧告を踏まえて講じた措置又は講じようとする措置の内容（措置を講じない場合はその理由）を，衛生委員会又は安全衛生委員会に報告しなければならないこととされました（安衛法13条6項，安衛規則14条の3第4項）。

なお，学校法人は，産業医の勧告の内容と，勧告を踏まえて講じた措置の内容（措置を講じない場合はその理由）の記録を，3年間保存しなければなりません（安衛規則14条の3第2項）。

5 学校法人には，産業医等による健康管理等の適切な実施を図るための措置をとる努力義務が課されます。学校法人は，産業医等が教職員からの健康相談に応じ，適切に対応するために必要な体制の整備等の措置を講じるように努めなければなりません（安衛法13条の3）。

6 学校法人は，各事業場における産業医の業務の内容等を，教職員に周知しなければならないこととされました（安衛法101条2項）。周知が必要なのは，産業医の業務の具体的な内容，産業医に対する健康相談の申出の方法，産業医による教職員の心身の状態に関する情報の取扱いの方法です（安衛

規則98条の2第2項)。

　周知の方法は，①見やすい場所への常時掲示又は備え付け，②教職員への書面の交付，③学内のネットワーク等への掲示及び閲覧用端末の設置の，いずれかです（安衛規則98条の2第1項，23条3項)。

7　　学内規程制定等の対応が必要な改正として，教職員の心身の状態に関する情報の取扱いに関する改正が挙げられます。安衛法104条2項で，教職員の心身の状態に関する情報を適正に管理するために必要な措置を講じる義務が定められたため，規程を定めるなどして，これらの情報の取扱いに関するルールを明確にする必要があります。

　厚生労働省から，労働者の心身の状態に関する情報の適正な取扱いのために事業者が講ずべき措置に関する指針[2] が公表されたほか，平成31年3月には取扱規程のひな型が公表されたので，厚生労働省の資料を参考に学内規程を制定することとなります。

　学内規程の作成例は，Q74を参照してください。

○安衛法

（産業医等)
第13条　事業者は，政令で定める規模の事業場ごとに，厚生労働省令で定めるところにより，医師のうちから産業医を選任し，その者に労働者の健康管理その他の厚生労働省令で定める事項（以下「労働者の健康管理等」という。）を行わせなければならない。
2　産業医は，労働者の健康管理等を行うのに必要な医学に関する知識について厚生労働省令で定める要件を備えた者でなければならない。
3　産業医は，労働者の健康管理等を行うのに必要な医学に関する知識に基づいて，誠実にその職務を行わなければならない。
4　産業医を選任した事業者は，産業医に対し，厚生労働省令で定めるところにより，労働者の労働時間に関する情報その他の産業医が労働者の健康管理等を適切に行うために必要な情報として厚生労働省令で定めるものを提供しなけれ

---

[2]　平成30年9月7日付労働者の心身の状態に関する情報の適正な取扱い指針公示第1号。

ばならない。

5　産業医は，労働者の健康を確保するため必要があると認めるときは，事業者に対し，労働者の健康管理等について必要な勧告をすることができる。この場合において，事業者は，当該勧告を尊重しなければならない。

6　事業者は，前項の勧告を受けたときは，厚生労働省令で定めるところにより，当該勧告の内容その他の厚生労働省令で定める事項を衛生委員会又は安全衛生委員会に報告しなければならない。

第13条の3　事業者は，産業医又は前条第1項に規定する者による労働者の健康管理等の適切な実施を図るため，産業医又は同項に規定する者が労働者からの健康相談に応じ，適切に対応するために必要な体制の整備その他の必要な措置を講ずるように努めなければならない。

（法令等の周知）

第101条　事業者は，この法律及びこれに基づく命令の要旨を常時各作業場の見やすい場所に掲示し，又は備え付けることその他の厚生労働省令で定める方法により，労働者に周知させなければならない。

2　産業医を選任した事業者は，その事業場における産業医の業務の内容その他の産業医の業務に関する事項で厚生労働省令で定めるものを，常時各作業場の見やすい場所に掲示し，又は備え付けることその他の厚生労働省令で定める方法により，労働者に周知させなければならない。

3　略

（心身の状態に関する情報の取扱い）

第104条　事業者は，この法律又はこれに基づく命令の規定による措置の実施に関し，労働者の心身の状態に関する情報を収集し，保管し，又は使用するに当つては，労働者の健康の確保に必要な範囲内で労働者の心身の状態に関する情報を収集し，並びに当該収集の目的の範囲内でこれを保管し，及び使用しなければならない。ただし，本人の同意がある場合その他正当な事由がある場合は，この限りでない。

2　事業者は，労働者の心身の状態に関する情報を適正に管理するために必要な措置を講じなければならない。

3　厚生労働大臣は，前2項の規定により事業者が講ずべき措置の適切かつ有効な実施を図るため必要な指針を公表するものとする。

4　厚生労働大臣は，前項の指針を公表した場合において必要があると認めるときは，事業者又はその団体に対し，当該指針に関し必要な指導等を行うことができる。

Q74　労働者の心身の状態に関する情報の取扱いについて，学内規程のひな型はありますか。

1　労働者の心身の状態に関する情報の取扱いに関する規程は，次の作成例のような内容で定めることが考えられます。

　この作成例は，厚生労働省が公表した「事業場における労働者の健康情報等の取扱規程を策定するための手引き」に掲載されているひな型を，学校法人向けにアレンジしたものです(3)。「手引き」のひな型は，重複する記載や不正確な表現が多いため，できるだけ正確で簡潔な記載に修正しています。

≪健康情報等の取扱規程の作成例≫

学校法人○○学園　教職員の健康情報等の取扱いに関する規程

（目的）
第1条　この規程は，学校法人○○学園（以下「学園」という。）において，学園が業務上知り得た健康情報等を適切に取り扱うために必要な事項を定めることを目的とする。

（定義）
第2条　この規程において，次の各号の意義は，当該各号の定めるところによる。
　(1)　教職員　　学園と雇用関係にある者をいう。
　(2)　健康情報等　　教職員の心身の状態に関する情報のうち，別表1に定めるものをいう。
　(3)　健康情報等の取扱い　　健康情報等の収集，保管，使用，加工及び消去をいう。それぞれの用語の定義は，別表2に定める。
　(4)　責任者　　健康情報等を取り扱う責任者をいう。
　(5)　訂正等　　訂正，追加，消去及び第三者への提供の停止をいう。

---

(3)　別表は省略しているため，別表の内容は「手引き」を参照してください。

（利用目的）

第3条　学園が業務上知り得た健康情報等の利用目的は，法令に基づく健康確
　　保措置の実施及び安全配慮義務の履行とする。

2　健康情報等を取り扱う者は，あらかじめ本人の同意を得ることなく，利用
　目的の達成に必要な範囲を越えて，健康情報等を取り扱ってはならない。た
　だし，個人情報保護法第16条第3項各号に該当する場合は，この限りでない。

（健康情報等を取り扱う者並びにその範囲及び権限）

第4条　健康情報等を取り扱う者を，別表3のとおり区分する。責任者は別に
　　定める。

2　健康情報等を取り扱う者とその権限，取り扱う健康情報等の範囲を，別表
　4に定める。

3　前項の権限を越えて健康情報等を取り扱う者は，責任者の承認を得るとと
　もに，本人の同意を得なければならない。

4　健康情報等を取り扱う者は，職務を通じて知り得た教職員の健康情報等を，
　他人に漏らしてはならない。

（利用目的等の公表，通知及び本人同意の取得）

第5条　健康情報等の利用目的及び取扱方法は，あらかじめ公表し，又は本人
　　に通知する。

2　学園は，前項の公表をしていない場合であって，あらかじめ本人に通知せ
　ずに健康情報等を取得したときは，速やかに利用目的及び取扱方法を本人に
　通知する。

3　本人同意の取得方法は，健康情報等の分類に応じて，別表5のとおり定める。
　ただし，個人情報保護法第17条第2項各号に該当する場合は，本人同意の取
　得を必要としない。

（健康情報等の適正管理の方法）

第6条　学園は，利用目的の達成に必要な範囲において，健康情報等を正確か
　　つ最新の内容に保つよう努める。

2　健康情報等の漏えい・滅失・改ざん等を防止するため，次の措置を講ずる。

　(1)　責任者は，健康情報等が所定の方法に従って取り扱われていることを確
　　認する。

　(2)　第4条第1項に定められた者以外は，原則として，健康情報等の取扱い
　　をしない。

(3)　健康情報等を含む文書（磁気媒体を含む。）は施錠できる場所へ保管し，記録機能を持つ媒体の持込み・持出し制限等により，盗難・紛失等の防止措置を講ずる。

(4)　健康情報等のうち，体系化され，検索可能な個人データに当たるものを扱う情報システムに関して，アクセス制限，アクセス記録の保存，パスワード管理，外部からの不正アクセスの防止等により，情報の漏えい等の防止の措置を講ずる。

3　健康情報等は，法令又は学園の諸規程が定める保存期間に従って保管する。

4　利用目的を達した健康情報等は，速やかに廃棄又は消去するよう努める。

5　健康情報等の漏えい等が生じた場合には，速やかに責任者へ報告し，被害の拡大防止，調査及び原因の究明，影響範囲の特定，再発防止策の検討及び実施，影響を受ける可能性のある本人への連絡，事実関係及び再発防止策の公表等の必要な措置を講じる。

6　健康情報等の取扱いを委託する場合は，委託先において当該健康情報等の安全管理措置が適切に講じられるよう，委託先に対して必要かつ適切な監督を行う。

（健康情報等の開示）

第7条　教職員本人より，当該本人の健康情報等の開示請求を受けた場合，遅滞なく，書面の交付又は本人が同意した方法で，当該健康情報等を開示する。ただし，教職員本人が識別される情報がないときには，その旨を通知する。

2　前項の定めにかかわらず，開示により，本人又は第三者の生命，身体，財産その他の権利利益を害するおそれがある場合や，業務の適正な実施に著しい支障を及ぼすおそれがある場合等には，その健康情報等の全部又は一部を開示しないことができる。

3　前項の場合は，遅滞なく本人に対してその旨を通知するとともに，その理由を説明するように努める。

（健康情報等の訂正等）

第8条　教職員本人より，当該本人の健康情報等の訂正等の請求を受けた場合，その請求が適正であると認められるときは，訂正等を行い，その旨を本人に通知する。

2　前項の訂正等を行わなかった場合，遅滞なく本人に対してその旨を通知するとともに，その理由を説明するように努める。

（健康情報等の第三者への提供）

第9条　学園は，あらかじめ教職員本人の同意を得ることなく，健康情報等を第三者へ提供してはならない。ただし，個人情報保護法第23条第1項又は第5項に該当する場合は，この限りでない。

2　学園は，健康情報等を第三者に提供する場合，個人情報保護法第25条に則り記録を作成・保存する。

（第三者からの健康情報等の提供）

第10条　学園は，第三者から健康情報等の提供を受ける場合には，個人情報保護法第26条に則り，必要な事項について確認するとともに，記録を作成・保存する。

（健康情報等の取扱いに関する苦情の処理）

第11条　健康情報等の取扱いに関する苦情は，総務部が担当する。連絡先は以下とする。

　　　　電話：06-1234-5678　　メール：0000@00.ac.jp

2　学園は，前項の苦情に適切かつ迅速に対処する。

（取扱規程の教職員への周知の方法）

第12条　この規程は，学内ネットワークに掲載して，教職員に周知する。

2　教職員が退職した後に健康情報等の利用目的を変更した場合，変更の内容を退職者に周知する。

（研修）

第13条　学園は，概ね1年ごとに，健康情報等の取扱いに関する研修を行う。

（所管）

第14条　この規程を所管する部署は，総務部とする。

（改廃）

第15条　この規程の改廃は，理事会の決議によって行う。

附則

1．　この規程は，2020年4月1日から施行する。

Q75 労働条件の明示方法に関する法改正の概要について教えてください。

1 　学校法人が教職員に労働条件を明示する際に，書面以外の方法を用いてよい範囲が広がりました。また，短時間勤務の教職員に適用されていたルールが，有期雇用の教職員にも適用されることになりました。

2 　働き方改革法施行前は，労働者を雇い入れる際には，主要な労働条件を，書面で明示する義務がありました。

　書面での明示義務の対象となる労働条件は，①契約期間に関する事項，②契約の更新基準に関する事項，③就業場所及び従事する業務に関する事項，④始業・終業時刻，所定外労働の有無，休憩時間，休日，休暇等に関する事項，⑤退職手当以外の賃金の決定・計算・支払いの方法，賃金の締切り及び支払いの時期，昇給に関する事項，⑥退職及び解雇の事由に関する事項です（労基法15条1項，労基規則5条1項）。

　書面での労働条件明示は，雇用契約書の作成，労働条件通知書の交付，印刷した就業規則及び附属規程の交付などの方法で行われています。

3 　短時間労働者の場合，①昇給の有無，②退職手当の有無，③賞与の有無，④短時間労働者の雇用管理の改善等に関する事項に係る相談窓口も，書面で明示しなければなりません。この4点は，特定事項と呼ばれています。

　特定事項については，労働者が希望すれば，ファックス又はメール等の送信でもよいとされています（パート法6条1項，パート規則2条）。

4 　働き方改革法により，上記**2**に列挙した労働条件の明示についても，労働者が希望すれば，ファックス又はメール等の送信で行ってもよいこととなりました[4]。労働条件の明示方法を，従前の短時間労働者の特定事項の

明示方法に統一するものです。

5 パート法がパート有期法に改正されたことに伴って，フルタイム勤務の有期雇用労働者に対しても，書面等による特定事項の明示が必要となりました。

6 上記**4**の改正への実務での対応は，2通り考えられます。

　まず，これまでどおり，書面を印刷して交付する方法を継続しても問題ありません。これに対し，教職員の希望を聴いてからファックス又はメール等を送信する方が事務的負担の軽減になるようであれば，ファックス又はメール等の送信の方法を採用するとよいでしょう。

　上記**5**の改正への対応として，有期雇用の常勤教職員に交付している労働条件通知書や雇用契約書に，特定事項の記載を追加する必要があります。

○労基法

> （労働条件の明示）
> 第15条　使用者は，労働契約の締結に際し，労働者に対して賃金，労働時間その他の労働条件を明示しなければならない。この場合において，賃金及び労働時間に関する事項その他の厚生労働省令で定める事項については，厚生労働省令で定める方法により明示しなければならない。
> 2〜3　略

○労基規則

> 第5条　使用者が法第15条第1項前段の規定により労働者に対して明示しなければならない労働条件は，次に掲げるものとする。ただし，第一号の二に掲げる事項については期間の定めのある労働契約であつて当該労働契約の期間の満了

---

(4)　メール等とは，電子メールのほか，SNSのメッセージ機能が想定されますが，教職員が紙に印刷することが可能な方法でなければなりません（労基規則5条4項2号，平成30年12月28日付基発1228第15号）。

後に当該労働契約を更新する場合があるものの締結の場合に限り，第四号の二から第十一号までに掲げる事項については使用者がこれらに関する定めをしない場合においては，この限りでない。

一　労働契約の期間に関する事項

一の二　期間の定めのある労働契約を更新する場合の基準に関する事項

一の三　就業の場所及び従事すべき業務に関する事項

二　始業及び終業の時刻，所定労働時間を超える労働の有無，休憩時間，休日，休暇並びに労働者を二組以上に分けて就業させる場合における就業時転換に関する事項

三　賃金（退職手当及び第五号に規定する賃金を除く。以下この号において同じ。）の決定，計算及び支払の方法，賃金の締切り及び支払の時期並びに昇給に関する事項

四　退職に関する事項（解雇の事由を含む。）

四の二　退職手当の定めが適用される労働者の範囲，退職手当の決定，計算及び支払の方法並びに退職手当の支払の時期に関する事項

五　臨時に支払われる賃金（退職手当を除く。），賞与及び第8条各号に掲げる賃金並びに最低賃金額に関する事項

六　労働者に負担させるべき食費，作業用品その他に関する事項

七　安全及び衛生に関する事項

八　職業訓練に関する事項

九　災害補償及び業務外の傷病扶助に関する事項

十　表彰及び制裁に関する事項

十一　休職に関する事項

2　使用者は，法第15条第1項前段の規定により労働者に対して明示しなければならない労働条件を事実と異なるものとしてはならない。

3　法第15条第1項後段の厚生労働省令で定める事項は，第1項第一号から第四号までに掲げる事項（昇給に関する事項を除く。）とする。

4　法第15条第1項後段の厚生労働省令で定める方法は，労働者に対する前項に規定する事項が明らかとなる書面の交付とする。ただし，当該労働者が同項に規定する事項が明らかとなる次のいずれかの方法によることを希望した場合には，当該方法とすることができる。

一　ファクシミリを利用してする送信の方法

二　電子メールその他のその受信をする者を特定して情報を伝達するために用いられる電気通信（電気通信事業法（昭和59年法律第86号）第2条第一号に規定する電気通信をいう。以下この号において「電子メール等」という。）の送信の方法（当該労働者が当該電子メール等の記録を出力することにより書面を作成することができるものに限る。）

○パート有期法

（労働条件に関する文書の交付等）
第6条　事業主は，短時間・有期雇用労働者を雇い入れたときは，速やかに，当該・有期雇用短時間労働者に対して，労働条件に関する事項のうち労働基準法（昭和22年法律第49号）第15条第1項に規定する厚生労働省令で定める事項以外のものであって厚生労働省令で定めるもの（次項及び第14条第1項において「特定事項」という。）を文書の交付その他厚生労働省令で定める方法（次項において「文書の交付等」という。）により明示しなければならない。
2　略

○パート有期規則

（法第6条第1項の明示事項及び明示の方法）
第2条　法第6条第1項の厚生労働省令で定める短時間・有期雇用労働者に対して明示しなければならない労働条件に関する事項は，次に掲げるものとする。
　一　昇給の有無
　二　退職手当の有無
　三　賞与の有無
　四　短時間・有期雇用労働者の雇用管理の改善等に関する事項に係る相談窓口
2　略
3　法第6条第1項の厚生労働省令で定める方法は，前項各号に掲げる事項が明らかとなる次のいずれかの方法によることを当該短時間，有期雇用労働者が希望した場合における当該方法とする。
　一　ファクシミリを利用してする送信の方法
　二　電子メールその他のその受信をする者を特定して情報を伝達するために用いられる電気通信（電気通信事業法（昭和59年法律第86号）第2条第1号に規定する電気通信をいう。以下この号において「電子メール等」という。）の送信の方法（当該短時間・有期雇用労働者が当該電子メール等の記録を出力することによる書面を作成することができるものに限る。）
4　略

Q76　過半数代表者に関する法改正の概要を教えてください。

1　過半数代表者の選出方法や権限等に，実質的な変更はありませんが，従前の取扱いを明示する内容の改正が行われました。

2　過半数代表者は，36協定をはじめとする労使協定の締結（労基法36条等），就業規則の作成・変更時の意見聴取（労基法90条），衛生委員会等の委員推薦（安衛法17条４項，18条４項，19条４項）など，さまざまな場面で登場します。

　今回の改正でも，過半数代表者に関する基本的なルールに変更はありません。当該事業場に過半数組合がないときに選出が必要となること，全教職員を母体として民主的な手続きで選出されなければならないこと，原則として管理監督者は過半数代表者になれないこと，過半数代表者になったことや過半数代表者として正当な行為をしたことを理由に不利益取扱いをしてはならないことなど，いずれもこれまでと同様のルールが適用されます（労基規則６条の２）。

　なお，過半数代表者の選出については，Q17を確認してください。

3　労基規則６条の２第１項２号の改正により，過半数代表者の要件として，「使用者の意向に基づき選出されたものでないこと」が追加されました。

　過半数代表者は，使用者と交渉をして労使協定の締結等を行う立場なので，使用者の意向に基づいて選出されてはならないことは，当然の前提といえます。従前の通達でも，過半数代表者の要件として，「使用者の意向によって選出された者でないこと」が求められていましたし[5]，学説，裁判例等でも概ね異論

---

(5)　平成11年１月29日付基発45号。

はありませんでした⁽⁶⁾。

　もっとも，実務においては，使用者側が過半数代表者を指名するなど，不適切な取扱いがみられました。このため，労基規則の改正により，使用者の意向に基づいて選出されてはならないことが明示されたものです⁽⁷⁾。

4　労基規則6条の2に第4項が追加され，学校法人は，過半数代表者がその事務を円滑に遂行することができるよう，必要な配慮を行わなければならないこととされました。

　過半数代表者が，就業規則の作成・変更に対する意見を述べたり，労使協定の内容を検討したりする際には，作業を行うスペースやパソコン等が必要です。また，電子メールや学内のイントラネットを利用することが必要になることもあります。

　これらの作業を全て自費で行わせることは過半数代表者にとって過度な負担となるため，学校法人は，機器の貸与や作業場所の準備等の，必要な配慮を行うこととなります。

○労基規則

> 第6条の2　法第18条第2項，法第24条第1項ただし書，法第32条の2第1項，法第32条の3第1項，法第32条の4第1項及び第2項，法第32条の5第1項，法第34条第2項ただし書，法第36条第1項，第8項及び第9項，法第37条第3項，法第38条の2第2項，法第38条の3第1項，法第38条の4第2項第1号（法第41条の2第3項において準用する場合を含む。），法第39条第4項，第6項及び第9項ただし書並びに法第90条第1項に規定する労働者の過半数を代表する者（以下この条において「過半数代表者」という。）は，次の各号のいずれにも該当する者とする。
> 一　法第41条第2号に規定する監督又は管理の地位にある者でないこと。

---

(6)　東京高裁平成9年11月17日判決・労働判例729号44頁（トーコロ事件）は，役員を含む全従業員で構成される親睦団体の代表が労働者代表として締結した36協定は，過半数組合又は過半数代表者と締結したものではなく，無効としています。
(7)　平成31年9月7日付基発0907第1号。

　二　法に規定する協定等をする者を選出することを明らかにして実施される投票，挙手等の方法による手続により選出された者であつて，使用者の意向に基づき選出されたものでないこと。

2　前項第1号に該当する者がいない事業場にあつては，法第18条第2項，法第24条第1項ただし書，法第39条第4項，第6項及び第9項ただし書並びに法第90条第1項に規定する労働者の過半数を代表する者は，前項第2号に該当する者とする。

3　使用者は，労働者が過半数代表者であること若しくは過半数代表者になろうとしたこと又は過半数代表者として正当な行為をしたことを理由として不利益な取扱いをしないようにしなければならない。

4　使用者は，過半数代表者が法に規定する協定等に関する事務を円滑に遂行することができるよう必要な配慮を行わなければならない。

Q77 労働者派遣法の改正の概要を教えてください。

1 働き方改革法は，労働者派遣法にも大きな改正を加えましたが，学校法人の労務管理への影響は限定的です。

2 労働者派遣法の改正のうち，主なものを列挙すると，次のとおりです。

① 派遣労働者の待遇に関する情報提供等（26条7項〜11項）
② 不合理な待遇相違の禁止，職務の内容等が同一の場合の不利益取扱いの禁止（30条の3〜30条の4）
③ 職務の内容等を勘案した賃金決定の努力義務（30条の5）
④ 就業規則の作成・変更の際，派遣労働者の過半数代表者からの意見聴取の努力義務（30条の6）
⑤ 派遣労働者の待遇に関する事項の説明義務（31条の2第2項〜5項）
⑥ 派遣先への通知事項に，協定対象派遣労働者か否かの別を追加（35条1項）
⑦ 派遣元管理台帳の記載事項に，協定対象派遣労働者か否かの別を追加（37条1項）
⑧ 派遣先における，適正な派遣就業の確保等（40条2項〜5項）
⑨ 派遣先管理台帳の記載事項に，協定対象派遣労働者か否かの別を追加（42条1項）
⑩ 労働者派遣に関する紛争処理手続の整備（47条の4〜47条の8）
⑪ 厚生労働大臣による公表の対象の追加（49条の2）

上記の改正の多くは，派遣元事業主（派遣会社）に対し，新たな義務を課す内容です。多くの場合，学校法人が労働者派遣に関わるのは，派遣先事業主として派遣労働者を受け入れる場面なので，派遣先事業主を想定した改正を押さ

えておけば十分です。

3　派遣先事業主を想定した改正のうち，実務的に重要なのは，上記①の情報提供です。

　労働者派遣法30条の3第1項によって，派遣元事業主は，派遣先事業主の通常の労働者と比較して，不合理と認められる待遇の相違を設けてはならないこととされました。また，同条2項では，派遣先事業主の通常の労働者と比較して，職務の内容が同一で，職務の内容・配置変更の範囲も同一である派遣労働者については，その通常の労働者より不利な待遇としてはならないこととされました。パート有期法8条及び9条に相当する定めを，労働者派遣法にも設けるものです。

　派遣元事業主がこの義務を守るためには，派遣先の通常の労働者の待遇を知る必要があります。そこで，労働者派遣法26条7項は，労働者派遣契約を締結するにあたっては，派遣労働者を従事させる業務ごとに，比較対象となる労働者の賃金その他の待遇に関する情報を，派遣元事業主に提供しなければならない旨を定めました。この情報提供を行っていないと，労働者派遣契約を締結することはできないので（労働者派遣法26条9項），派遣労働者の受け入れを検討する際には，情報提供が必要であることを忘れないようにしなければなりません。

　ところで，労働者派遣法30条の3は，派遣先が変わる度に派遣労働者の待遇が変動することとなるなど，必ずしも妥当な結論を導くとはいえない面があります。そこで，派遣元事業主は，厚生労働省令で定める金額と同等以上の賃金を設定することなどを内容とする労使協定を締結することで，同条の適用除外とすることができます（労働者派遣法30条の4）。

　この労使協定を締結している事業主と労働者派遣契約を締結する際には，派遣先事業主が派遣元事業主に提供しなければならない情報の内容が変わります。学校法人の労務管理においては，派遣元事業主がこの労使協定を締結しているかどうか確認した上で，必要な情報を提供することとなります。

　なお，派遣先事業主は，派遣元事業主が，労働者派遣法30条の３の定めと，労働者派遣法30条の４に基づく労使協定の定めを遵守できるよう，労働者派遣に関する料金の額について配慮しなければならないとされました（労働者派遣法26条11項）。

4　情報提供のほかに重要な改正は，上記⑧の適正な派遣就業の確保等に関する改正です。派遣先事業主は，次の措置を講じなければなりません。いずれも，従前の配慮義務を，措置義務等に格上げするものです。

- 派遣元事業主の求めに応じ，直接雇用している教職員で同種の業務に従事する者を対象とする教育訓練については，派遣労働者に対しても実施するなどの措置を講じること（労働者派遣法40条２項）
- 直接雇用している教職員が利用できる福利厚生施設のうち，給食施設，休憩室，更衣室は，派遣労働者にも利用させること（労働者派遣法40条３項，労働者派遣法施行規則32条の３）

　このほか，派遣先事業主は，適切な就業環境の維持，福利厚生施設の利用等について必要な措置を講じるように配慮しなければなりません（労働者派遣法40条４項）。

○労働者派遣法

（契約の内容等）
第26条
１～６　略
７　労働者派遣の役務の提供を受けようとする者は，第一項の規定により労働者派遣契約を締結するに当たつては，あらかじめ，派遣元事業主に対し，厚生労働省令で定めるところにより，当該労働者派遣に係る派遣労働者が従事する業務ごとに，比較対象労働者の賃金その他の待遇に関する情報その他の厚生労働省令で定める情報を提供しなければならない。
８　前項の「比較対象労働者」とは，当該労働者派遣の役務の提供を受けようとする者に雇用される通常の労働者であつて，その業務の内容及び当該業務に伴う責任の程度（以下「職務の内容」という。）並びに当該職務の内容及び配置の

変更の範囲が，当該労働者派遣に係る派遣労働者と同一であると見込まれるものその他の当該派遣労働者と待遇を比較すべき労働者として厚生労働省令で定めるものをいう。

9　派遣元事業主は，労働者派遣の役務の提供を受けようとする者から第七項の規定による情報の提供がないときは，当該者との間で，当該労働者派遣に係る派遣労働者が従事する業務に係る労働者派遣契約を締結してはならない。

10　派遣先は，第7項の情報に変更があつたときは，遅滞なく，厚生労働省令で定めるところにより，派遣元事業主に対し，当該変更の内容に関する情報を提供しなければならない。

11　労働者派遣の役務の提供を受けようとする者及び派遣先は，当該労働者派遣に関する料金の額について，派遣元事業主が，第30条の4第1項の協定に係る労働者派遣以外の労働者派遣にあつては第30条の3の規定，同項の協定に係る労働者派遣にあつては同項第2号から第5号までに掲げる事項に関する協定の定めを遵守することができるものとなるように配慮しなければならない。

（適正な派遣就業の確保等）

第40条

1　略

2　派遣先は，その指揮命令の下に労働させる派遣労働者について，当該派遣労働者を雇用する派遣元事業主からの求めに応じ，当該派遣労働者が従事する業務と同種の業務に従事するその雇用する労働者が従事する業務の遂行に必要な能力を付与するための教育訓練については，当該派遣労働者が当該業務に必要な能力を習得することができるようにするため，当該派遣労働者が既に当該業務に必要な能力を有している場合その他厚生労働省令で定める場合を除き，当該派遣労働者に対しても，これを実施する等必要な措置を講じなければならない。

3　派遣先は，当該派遣先に雇用される労働者に対して利用の機会を与える福利厚生施設であつて，業務の円滑な遂行に資するものとして厚生労働省令で定めるものについては，その指揮命令の下に労働させる派遣労働者に対しても，利用の機会を与えなければならない。

4　前3項に定めるもののほか，派遣先は，その指揮命令の下に労働させる派遣労働者について，当該派遣就業が適正かつ円滑に行われるようにするため，適切な就業環境の維持，診療所等の施設であつて現に当該派遣先に雇用される労働者が通常利用しているもの（前項に規定する厚生労働省令で定める福利厚生施設を除く。）の利用に関する便宜の供与等必要な措置を講ずるように配慮しなければならない。

5～6　略

○労働者派遣法施行規則

（法第40条第3項の厚生労働省令で定める福利厚生施設）
第32条の3　法第40条第3項の厚生労働省令で定める福利厚生施設は，次のとおりとする。
一　給食施設
二　休憩室
三　更衣室

改正法施行後は，労働基準監督署はどのような指導をするの
ですか。

1　働き方改革法の施行後，労働基準監督署は，長時間労働につながるお
それのある労務管理には，厳しい姿勢で指導・勧告等を行うことが予想
されます。

2　労基法101条は，労働基準監督官の権限として，帳簿及び書類の提出
を求めること，使用者又は労働者に対する尋問を行うことを定めており，
労基法102条は，労基法違反の罪について司法警察官の職務を行うと定めてい
ます。

　法改正の前後を問わず，労働基準監督官は，労基法101条に基づく臨検監督
を行っており，実際に指導票を交付されたり，是正勧告を受けたりした学校法
人は少なくありません。臨検監督は，定期的に行われるものだけでなく，労働
災害が発生したときや，教職員から申告があったときにも行われます（労基法
104条）。

　また，特に悪質な事例や，是正勧告に従わない事例では，刑事事件として立
件されることもあります。大手広告代理店で違法な時間外労働が行われていた
として，法人が起訴され罰金刑を言い渡された事件は，記憶に新しいところで
す[8]。

3　働き方改革法により，労働基準監督署は，36協定に関して助言及び指
導を行うに当たっては，「労働者の健康が確保されるよう特に配慮しな
ければならない」とされました（労基法36条11項）。月100時間以上又は2か月
から6か月の平均80時間超の時間外労働が刑罰の対象とされたことを踏まえる

[8]　東京簡易裁判所平成29年10月6日判決・D1-Law判例ID28260245（電通事件）。

と（労基法119条，36条6項），長時間労働に対しては厳しい是正勧告等が予想されます。

　なお，厚生労働省が公表している長時間労働削減推進本部の資料では，月80時間を超える残業が疑われる全ての事業場が，重点監督対象とされています[9]。加えて，通達では，複数の事業場を有する社会的に影響力の大きい企業（中小企業に該当しない企業）が長時間労働を理由に是正勧告を受けた場合等には，他の企業における遵法意識を啓発し，法令違反の防止の徹底や自主的な改善を促進させるために，是正勧告を受けた企業名や法令違反の実態等を公表することとされています[10]。

4　長時間労働のほかに，学校法人が労働基準監督署から指導や是正勧告を受ける点は多岐にわたりますが，特に多いのは次のものです。
① タイムカード等により労働時間を把握していないこと
② 時間外・休日・深夜労働に対し，割増賃金を支払っていないこと
③ 専任でない教職員に適用する就業規則を作成していないこと
④ 雇入れの際に，法定の労働条件を書面で明示していないこと
⑤ 衛生委員会を毎月1回以上開催していないこと

　このほか，労基法39条7項で，年次有給休暇の義務的付与が定められたことから，今後は，年休の取得状況に関する指導や是正勧告が増えると予想されます。

○労基法

（労働基準監督官の権限）
第101条　労働基準監督官は，事業場，寄宿舎その他の附属建設物に臨検し，帳簿及び書類の提出を求め，又は使用者若しくは労働者に対して尋問を行うことができる。

---

[9] 第3回長時間労働削減推進本部（平成28年4月1日）資料1参照。
[10] 平成29年1月20日付基発0120第1号。

2　前項の場合において，労働基準監督官は，その身分を証明する証票を携帯しなければならない。

第102条　労働基準監督官は，この法律違反の罪について，刑事訴訟法に規定する司法警察官の職務を行う。

第104条　事業場に，この法律又はこの法律に基いて発する命令に違反する事実がある場合においては，労働者は，その事実を行政官庁又は労働基準監督官に申告することができる。

2　使用者は，前項の申告をしたことを理由として，労働者に対して解雇その他不利益な取扱をしてはならない。

Q79 高年齢者の雇用継続について，どのような法改正があったのですか。

1　雇用保険法等の一部を改正する法律（令和2年法律第14号）によって高年齢者雇用安定法が改正され，65歳から70歳までの就業確保措置を講じることが，事業主の努力義務とされました。改正法の施行は，令和3年4月1日の予定です。

2　現行法では，65歳未満の定年を設定している学校法人は，定年の年齢の引上げ，継続雇用制度（現に雇用している高年齢者が希望するときは，定年後も引き続き雇用する制度）の導入，定年制の廃止のいずれかの方法で，65歳までの雇用を確保する措置を講じなければならないとされています（高年齢者雇用安定法9条1項）。このうち，継続雇用制度には，子会社等の「特殊関係事業主」で継続雇用する方法も含まれます（同条2項）。

　定年を60歳としている学校法人では，1年間の有期雇用契約を締結し，65歳に達した日の属する年度末まで契約を更新する内容で，継続雇用制度を導入することが一般的です。なお，大学の教員については，65歳以上の定年を設定している学校法人が比較的多いようです。

3　改正法では，次のいずれかの措置を講じることで，65歳から70歳までの安定した雇用を確保するよう努めなければならないこととされました（改正後の高年齢者雇用安定法10条の2第1項～2項）。対象となるのは，定年年齢及び継続雇用制度の上限年齢を70歳未満としている事業主です。

①　70歳までの定年の引上げ
②　70歳までの継続雇用制度の導入
③　定年制の廃止
④　創業支援等措置の実施

4　上記のうち，②の継続雇用制度は，教職員が希望するときは，有期雇用契約の締結・更新等によって，定年後70歳まで引き続き雇用する制度です。学校法人が直接雇用してもよいですし，学校法人が他の事業主（株式会社等）と契約を締結し，その契約に基づいて，その株式会社等が教職員を雇用する制度でも構いません（改正後の高年齢者雇用安定法10条の2第3項）。

　次に，④の創業支援等措置は，教職員が希望する場合に，65歳から70歳まで継続的に，次のいずれかの措置をとるというものです。創業支援等措置を選択するには，過半数組合又は過半数代表者の同意を得ることが必要です。

- その教職員が新たに事業を開始する場合，70歳まで継続的に業務委託契約を締結する制度の導入
- その教職員が希望する場合，70歳まで継続的に，学校法人が実施している社会貢献事業か，学校法人が委託・出資等をしている法人・団体が行う社会貢献事業に有償で従事できる制度の導入

学校法人が70歳までの就業確保措置として創業等支援措置を講じる場合，次のような具体例が考えられます。創業といっても，いわゆる起業だけでなく，フリーランスとしての活動や非雇用型テレワークも想定されています。

- 退職した教員に，部活動指導や課外講座などの業務を委託する
- 退職した大学教員と共同研究を実施し，契約に基づいて報酬を支払う
- 退職した事務職員に，自宅で処理できる定型的な事務作業を委託する
- 学校法人が出資する子会社でボランティア事業に従事させて，子会社から報酬を支払う

5　今回の法改正による70歳までの就業確保措置は，努力義務として定められているため，これらの措置を講じなかったとしても，罰則はありません。改正法の施行と同時にこれらの措置を講じる学校法人は，少数にとどまると思われます。

○ 改正後の高年齢者雇用安定法

（高年齢者就業確保措置）
第10条の2　定年（65歳以上70歳未満のものに限る。以下この条において同じ。）
　の定めをしている事業主又は継続雇用制度（高年齢者を70歳以上まで引き続い
　て雇用する制度を除く。以下この項において同じ。）を導入している事業主は，
　その雇用する高年齢者（第9条第2項の契約に基づき，当該事業主と当該契約
　を締結した特殊関係事業主に現に雇用されている者を含み，厚生労働省令で定
　める者を除く。以下この条において同じ。）について，次に掲げる措置を講ずる
　ことにより，65歳から70歳までの安定した雇用を確保するよう努めなければな
　らない。ただし，当該事業主が，労働者の過半数で組織する労働組合がある場
　合においてはその労働組合の，労働者の過半数で組織する労働組合がない場合
　においては労働者の過半数を代表する者の同意を厚生労働省令で定めるところ
　により得た創業支援等措置を講ずることにより，その雇用する高年齢者につい
　て，定年後等（定年後又は継続雇用制度の対象となる年齢の上限に達した後を
　いう。以下この条において同じ。）又は第2号の65歳以上継続雇用制度の対象と
　なる年齢の上限に達した後70歳までの間の就業を確保する場合は，この限りで
　ない。
　一　当該定年の引上げ
　二　65歳以上継続雇用制度（その雇用する高年齢者が希望するときは，当該高
　　　年齢者をその定年後等も引き続いて雇用する制度をいう。以下この条及び第
　　　52条第1項において同じ。）の導入
　三　当該定年の定めの廃止
2　前項の創業支援等措置は，次に掲げる措置をいう。
　一　その雇用する高年齢者が希望するときは，当該高年齢者が新たに事業を開
　　　始する場合（厚生労働省令で定める場合を含む。）に，事業主が，当該事業を
　　　開始する当該高年齢者（厚生労働省令で定める者を含む。以下この号におい
　　　て「創業高年齢者等」という。）との間で，当該事業に係る委託契約その他の
　　　契約（労働契約を除き，当該委託契約その他の契約に基づき当該事業主が当
　　　該事業を開始する当該創業高年齢者等に金銭を支払うものに限る。）を締結し，
　　　当該契約に基づき当該高年齢者の就業を確保する措置
　二　その雇用する高年齢者が希望するときは，次に掲げる事業（ロ又はハの事
　　　業については，事業主と当該事業を実施する者との間で，当該事業を実施す
　　　る者が当該高年齢者に対して当該事業に従事する機会を提供することを約す
　　　る契約を締結したものに限る。）について，当該事業を実施する者が，当該高
　　　年齢者との間で，当該事業に係る委託契約その他の契約（労働契約を除き，
　　　当該委託契約その他の契約に基づき当該事業を実施する者が当該高年齢者に

金銭を支払うものに限る。）を締結し，当該契約に基づき当該高年齢者の就業を確保する措置（前号に掲げる措置に該当するものを除く。）

　　イ　当該事業主が実施する社会貢献事業（社会貢献活動その他不特定かつ多数の者の利益の増進に寄与することを目的とする事業をいう。以下この号において同じ。）

　　ロ　法人その他の団体が当該事業主から委託を受けて実施する社会貢献事業

　　ハ　法人その他の団体が実施する社会貢献事業であつて，当該事業主が当該社会貢献事業の円滑な実施に必要な資金の提供その他の援助を行つているもの

3　65歳以上継続雇用制度には，事業主が，他の事業主との間で，当該事業主の雇用する高年齢者であつてその定年後等に雇用されることを希望するものをその定年後等に当該他の事業主が引き続いて雇用することを約する契約を締結し，当該契約に基づき当該高年齢者の雇用を確保する制度が含まれるものとする。

4～5　略

［編著者紹介］

弁護士　**小國　隆輔**（小國法律事務所）

　2005年同志社大学大学院法学研究科（博士前期課程）修了，2007年同志社大学法科大学院修了，2008年弁護士登録。民間企業のほか，学校法人等の非営利法人の法律顧問を多数務める。著書に，『Q＆A学生・生徒管理』（法友社，2013年），『私学における問題教職員の処遇のあり方』（法友社，増補版，2016年），『令和元年改正 私立学校法への対応』（私学労務研究会，2019年）などがある。

［著者紹介］

弁護士　**国本　聡子**（ブランシュ法律事務所／学校法人近畿大学法務部）

　2009年近畿大学法科大学院修了，2012年弁護士登録。大学法務部員として大学内，医学部における法律業務に従事。企業側の労働事件，医療機関における法律問題，研究機関における知的財産に関する法律問題，学校のいじめ問題やハラスメント対応が専門。個人情報保護法の研修及びコンプライアンスに関する研修実績多数。

弁護士　**柿沼　拓也**（学校法人京都外国語大学法人部）

　2011年同志社大学法科大学院修了，2013年弁護士登録。法律事務所にて一般民事，企業法務，刑事事件等の訴訟経験を積んだ後，2015年より現職。学校法人の規程の整備，労働問題，知的財産や個人情報保護に関する問題等，私立学校に関連する法務全般を取り扱っている。

Q&A
私学のための働き方改革

2020年10月25日　第1版第1刷発行

編著者　小　　國　　隆　　輔
著　者　国　本　聡　子
　　　　柿　沼　拓　也
発行者　山　本　　　　継
発行所　㈱中　央　経　済　社
発売元　㈱中央経済グループ
　　　　パ ブ リ ッ シ ン グ

〒101-0051　東京都千代田区神田神保町1-31-2
　　　　　　電話　03（3293）3371（編集代表）
　　　　　　　　　03（3293）3381（営業代表）
　　　　　　http://www.chuokeizai.co.jp/
　　　　　　印刷／㈱堀内印刷所
　　　　　　製本／㈲井上製本所

© 2020
Printed in Japan

関係全法令を収録し表欄式で解説した、実務・受験に定番の書！

社会保険労務ハンドブック

全国社会保険労務士会連合会［編］

高度福祉社会への急速な歩み、また社会保険諸制度充実のための大幅な法改正。それに伴う労働・社会保険関係業務の顕著な拡大、複雑化……。本書は、このような状況において開業社会保険労務士、企業内の社会保険労務士ならびに業務担当者、あるいは社会保険労務士試験受験者等の方々にご活用いただけるよう、関係諸法令を従来にない懇切な解説とユニークな編集でまとめました。

毎年 好評 発売

■主な内容■

労働法規の部

第1編　個別的労働関係……第1　総説／第2　労働関係の成立・終了／第3　労働基準／第4　その他関連法規

第2編　集団的労働関係……第1　労働組合／第2　労使関係

社会保険の部

第1編　社会保険関係……第1　健康保険法／第2　健康保険法（日雇特例被保険者特例）／第3　国民健康保険法／第4　高齢者の医療の確保に関する法律／第5　厚生年金保険法／第6　国民年金法／第7　船員保険法／第8　介護保険法／第9　社会保険審査官及び社会保険審査会法

第2編　労働保険関係……第1　労働者災害補償保険法／第2　雇用保険法／第3　労働保険の保険料の徴収等に関する法律／第4　労働保険審査官及び労働保険審査会法

関連法規の部　第1　行政不服審査法／第2　社会保険労務士法

付　録　届出申請等手続一覧

中央経済社